나는 대한민국 소방관
김상철입니다

도서출판 윤성사 072
나는 대한민국 소방관 김상철입니다

초판 1쇄	2020년 11월 9일
2쇄	2022년 7월 7일

지 은 이	김상철 · 이원희 · 정요안
펴 낸 이	정재훈
디 자 인	(주)디자인뜰
편 집	전이서

펴 낸 곳	도서출판 윤성사
주 소	서울특별시 서대문구 서소문로 27, 충정리시온 제지층 제비116호
전 화	대표번호_02)313-3814 / 영업부_02)313-3813 / 팩스_02)313-3812
전자우편	yspublish@daum.net
등 록	2017. 1. 23

ISBN 979-11-88836-80-2 (03350)
값 12,000원

ⓒ 김상철 · 이원희 · 정요안, 2020

이 책의 전부 또는 일부 내용을 재사용하려면 반드시 사전에 저작권자와 도서출판 윤성사의 동의를 받아야 합니다.

잘못 만들어진 책은 구입하신 서점에서 교환 가능합니다.

김상철 · 이원희 · 정요안

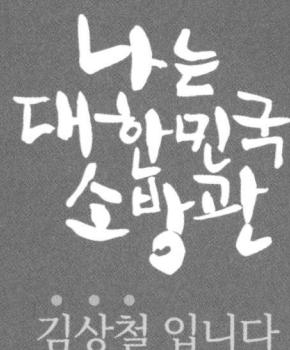

김상철 입니다

신이시여, 제가 부름을 받을 때에는
아무리 화염이 맹렬하여도
어떤 생명이라도 구할 수 있게 하소서
늦기 전에 아이를 감싸 안을 수 있게 하시고
공포에 떨고 있는 노인을 구하게 하소서
가냘픈 외침까지 들을 수 있게 하시고
신속하고 효율적으로 화재를 진압하게 하소서

소명에 충실하고 최선을 다하여
국민의 생명과 재산을 지켜주고 싶습니다.
그러다 당신 뜻에 따라 목숨을 잃게 되면
은총으로 제 아내와 아이들을 돌보아 주소서

머리말

나는 대한민국 소방관
김상철 입니다

국민소득 4만 불을 향해 가는 대한민국에서 소방은 매우 중요한 국가 기능으로 인식되고 있다. 화재나 사고로 인한 경제적 비용과 사회적 비용이 워낙 크기 때문이다. 건물을 쉽게 건설하고 없앨 것이 아니라, 하나를 건설하더라도 잘 건설해야 한다는 인식이 확산되고 있다. 산업구조의 고도화로 건설비보다 사고 이후의 처리 비용이 더 많이 드는 이유와 같다.

생명의 중요성을 강조해도 모자람이 없는 것처럼 소방 또한 중요하다고 할 수 있다. 하지만 인식만 있을 뿐, 이해도 면에서 소방의 중요성을 강조하기에 부족한 것이 사실이다. 필요할 때 찾을 수 있는 조직이라는 신뢰는 있으나, 구체적으로 무슨 일을 하는지 알지 못하는 때가 많아 간혹 오해를 받기도 한다(소방 관련 연구를 한다고 하면 곧잘 듣는 질문이 '화재 신고로 소방차가 출동하면 비용을 지급해야 하는가'이다. 최근에는 소방의 국가 직화를 알기 쉽게 설명하여 달라는 주문도 많다).

이 책의 집필 의도는 바로 여기에 있다. 시민이 소방을 알기 쉽게 하자는 취지이다. 김상철, 정요안 소방관의 경우 소방 관련 학위가 있지만, 이 책에서 굳이 학문적 접근을 하지 않고 현직 소방관으로서 현장의 전문성을 담는 데 집중하였다. 학자로서 객관성을 유지할 수도 있었지만, 시민 관점에서 궁금할 수 있는 소방이야기를 현직 소방관의 체험을 통해 설명하는 방식으로 전달하고자 하였다. 시민과 함께하는 것이 소방의 존재 이유이기도 하기 때문이다.

이 책은 3개의 장으로 구분되어 있다. 제1장은 소방관과의 대화를 통해 시민들이 소방을 친근하게 그리고 알기 쉽게 소개하였다. 직업 선택으로 고민하는 젊은이들에게 소방을 직업으로 선택할 수 있는 정보를 제공하려는 의미도 담고 있다. 제2장은 소방의 현장에서 느낀 체험을 담고 있다. 조금만 조심하면 피할 수 있는 사고 현장의 경험담을 통해 일반 시민들이 주의해야 할 내용을 담고 있다. 제3장은 소방의 발전과 미래를 위한 과제를 담고 있다. 이러한 과제는 국민적 공감대와 지지가 필요한 주제들이다.

이 책을 통해 소방에 대한 인식이 조금이라도 변화되고, 시민들이 소방에 대해 친숙함을 느끼는 계기가 되기를 기대한다.

2020년 11월
저자 일동

목차

나는 대한민국 소방관 김상철 입니다

머리말 • 04

1부 — 대한민국 소방관, 김상철 • 8

[이원희 교수의 인터view] • 8

1. 김상철, 소방관이 되기까지 • 11
2. 소방관을 꿈꾸는 사람들에게 • 17
3. 보람 있는 소방관의 삶 • 49
4. 소방관의 '불편한' 진실 • 57
5. 대한민국 소방의 현주소 • 63
6. 소방관에게 묻는다 • 79

2부 91

[현장에서 길을 묻다] • **91**

1. 삼풍백화점 참사 • 93
2. 삼일아파트 인질 사건 • 103
3. 목숨을 잃을 뻔했던 두 건의 화재 사고 • 107
4. 기억하고 싶지 않은 홍제동 화재 참사 • 111

3부 125

[대담(對談)한 사람들] • **125**

1. 소방의 국가직화 • 127
2. 소방예산 확충 • 141
3. 소방인력 확충 • 145
4. 자율점검과 소방검사 • 155
5. 소방관이 안전해야 국민이 안전하다 • 159
6. 소방의 미래에 대한 기대 • 185

김상철은 현직 30년 차 소방관입니다.
그는 1992년 서울시 지방공무원 시험에 합격하여, 서울소방재난본부 종로소방서 119구조대를 시작으로 공직에 입직을 하였습니다. 공수특전단 5년의 군 생활을 마치고, 소방공무원 9급 공채시험에 합격해 그동안 화재진압, 인명구조업무, 행정업무 등을 거치면서 현재까지 현직 소방관으로 근무 중입니다. 뒤늦게 만학의 꿈을 키우며 11년 동안(대학졸업과 편입과정 5년, 상담심리학 1년 과정 수료, 석사2년, 박사 3년) 직장생활과 병행하며 박사의 꿈을 이루었고, 지금도 다양한 학문과 연구 활동 중이며 이제는 학문이 무엇인지 조금은 느끼고 있습니다.

김상철은 베테랑입니다.
종로, 중부, 마포 119구조대를 거치면서 우리나라의 대형 참사와 각종 교통사고, 화재 등 다양한 인명구조 활동과 현장에서 헌신적으로 소방 활동에 최선을 다하였습니다. 특히, 1994년 10월부터 방영된 KBS〈긴급구조 119〉프로그램 1회(우리아이를 구해주세요), 99회(벼랑 끝에 선 남자) 그리고 다양한 국정채널, SBS, MBC, KBS, 등 각종 언론사의 촬영협조와 취재 홍보에 많은 기여를 하였습니다. 이들 프로그램은 시작과 동시에 국민들에게 많은 사랑과 119구조대의 활동상을 집중 조명하여 큰 인기를 얻었는데, 구조대에 대한 관심이 커지면서 온갖 사소한 신고 전화가 쇄도하는 등 크고 작은 부작용도 생겼다고 합니다.
이후 연이어 발생한 대형사고 현장에서 119구조대의 활약이 두드러졌고, 사람들에게 생명을 구하는 '119구조대'의 모습이 확실히 각인 되는 계기가 되었습니다.

Chapter 1.

대한민국 소방관, 김상철

이원희 교수의 인터view
이원희 교수가 묻고, 김상철 소방관이 답하다!

김상철 소방관을 통해 듣는 소방의 현실

구조대는 가장 먼저 사고 현장에 도착해서 마지막 한 사람을 구할 때까지 현장을 지키는 고마운 존재입니다. 구조대원들의 작업 환경도 그만큼 열악해서 대형사고가 발생하면 제대로 된 휴식공간도 없이 길거리에서 쪽잠을 자기도 하고, 한 달간 집에도 들어가지 못한 적이 많습니다. 때론 생면부지의 타인을 구하기 위해 위험을 무릅쓰거나 다치고 목숨을 잃기도 합니다.
그런데도, 우리 소방대원들이 오늘날까지 수많은 이들의 구조를 업으로 삼은 이유는 단 하나, 생명을 구하는 일의 위대함 때문일 것입니다.

01

김상철,
소방관이 되기까지

이원희 제가 독자들을 대신해서 김상철 소방관에게 소방에 대해 궁금한 점을 대신 질문하겠습니다. 먼저, 이 일을 하신 지는 얼마나 되셨나요?

김상철 1992년부터 이 일을 했으니 이제 30년이 되어갑니다. 직업군인 생활까지 하면 35년 동안 공직생활을 한 셈이죠.

이원희 대단하십니다. 혹시 많은 직업 중에 소방관이라는 직업을 선택한 이유가 있나요?

김상철 특별한 이유는 없지만, 군 생활 때 동기가 전역하고 소방관이 되었더라고요. 저는 그때 다른 사업을 하는 중이었는데 그 동기와 얘기를 나누면서 소방에 대해 알게 되었습니다. 웃긴 얘기지만, 그 친구가 이미 지원서를 준비해왔더라고요. 좀 망설였어요. 솔직히 준 군사 조직이나 마찬가지잖아요.

이원희 그렇게 망설이셨는데, 어떻게 도전하게 되신 건가요?

김상철 특수부대에서의 힘들고 고달팠던 기억이 있었기 때문에 제복을 입고 근무하는 구조대라는 조직이 더 망설여졌던 것은 사실이에요. 근데 이미 지원서를 다 작성한 친구가 사진만 제출하면 된다면서 사진관을 끌고 가더라고요. 당시 시험이 3달 정도 남아있었는데 부랴부랴 사진을 찍고 지원서를 제출했습니다. 친구가 준비한 시험 서적을 보면서 얼떨결에 공부를 하고 시험을 보게 되었습니다.

이원희 두 달이라는 시간이 절대 긴 시간이 아니잖아요. 한 번에 합격하셨는지 궁금합니다.

김상철 절실함이 있었던 것 같습니다. 9월에 합격자 발표가 있었는데 사람 마음이란 게 조마조마하더라고요. 떨어지기라도 하면 친구한테 면목이 없기도 하구요. 그런데 정말 다행스럽게도 합격을 했습니다.

이원희 그럼 근무는 바로 하게 되신 건가요?

김상철 그때는 소방관이 부족했는지, 얼마 안 돼서 바로 발령이 났어요. 특별교육 2주 수료 후에 종로소방서 119구조대에서 근무를 시작하게 되었죠. 근무하자마자 최초로 출동 나간 곳이 한강대교 자살 건이었습니다. 지금 생각해도 긴장하고 정신이 하나도 없었던 기억이 생생한데, 선배들은 장비 준비를 하는데 여유가 있었어요. 아무래도 경험이 있고 먼저 생활한 탓에 담담한 표정일 수밖에 없었겠죠.

이원희 첫 근무가 자살 출동이라니 힘드셨겠습니다.

김상철 현장에 도착하자마자 에어매트를 먼저 폈습니다. 주변에는 경찰, 소방, 기자들 외에도 구경하는 시민들로 난리 통이었는데 그 와중에 일사불란하게 움직여 각자 임무에 최선을 다해야 했어요. 지금은 고인이 된 고(故) 김형윤 반장의 지휘에 따라 우리 팀의 선배가 그 자살자가 있는 교각으로 신속히 올라가 서로 대화를 주고받더니 번개같이 달려가서 그 사람을 껴안고 다리 위에 설치해 놓은 에어매트로 뛰어내리는 걸 봤는데, 정말 순식간이라 아무 생각이 없었어요. 간단한 인적사항만 메모하고 경찰한테 인계 후 복귀한 사건입니다.

이원희 **트라우마가 생길 법도 한데요. 출동 후에는 어떠셨나요?**

사무실로 복귀하고 나서 선배들한테 많은 것을 배웠는데, 시간 가는 줄 모르고 들었던 기억이 있습니다. 일처리 방식, 사건 유형별 경험담, 화재 시 해야 할 일, 구조 사건 출동 시 해야 할 일 등등 아주 명쾌하고 예리하게, 때로는 본인의 영웅담도 섞어가며 얘기를 해주었죠. 본인들은 이미 수만, 수천 번을 겪은 상황이고, 처음인 제가 빨리 적응하기를 바랐으니까 **김상철**

요. 구조대는 특히 팀웍이 중요한 곳이잖아요. 그렇게 선배들의 경험담을 토대로 훈련을 매일 반복하고 장비제원과 사용법, 주의사항 등을 숙지해 나갔죠. '목숨 걸고 하는 거니까 내가 최고가 되어야 하고 준비를 철저히 해야 한다.'라는 선배들의 철학과 직업 윤리관도 함께 배우면서요.

02

소방관을 꿈꾸는 사람들에게

이원희 좋은 선배들을 만나셨네요. 그럼 이런 소방관이 되기 위해서는 어떤 과정과 절차를 거쳐야 하나요?

김상철 소방공무원은 필기시험(공개경쟁채용시험, 경력경쟁채용시험, 소방간부후보생시험), 체력시험, 신체검사(시·군 종합병원지정), 면접시험을 거쳐서 최종 선발하고 있습니다. 필기시험은 공개경쟁채용시험의 경우 필수 3과목(국어·한국사·영어), 선택 2과목(소방학개론, 행정법총론, 소방관계법규, 사회, 과학, 수학 중)으로 구성되어 있는데 일반적으로 화재진압분야를 채용하는 것으로 채용계급은 소방사로 채용합니다. 일반직 공무원으로 생각하면 9급 공무원이라고 할 수 있어요.

이원희 필기시험 관련해서 좀 더 자세히 들어볼 수 있을까요?

김상철 우선, 경력경쟁채용시험의 경우에는 구급·구조·항공·통신·심리상담·변호사 등 특수 분야의 경력을 가진 분야를 채용하는 것을 말하며 시험과목은 국어, 생활영어, 소방학개론 3과목으로 구성되어 있습니다.

채용계급은 해당 특수분야별로 다르지만, 소방사부터 소방경까지 채용합니다. 소방사, 소방교, 소방장, 소방위, 소방경의 계급 순서를 가지고 있으니 9급 시험과 7급 시험으로 생각하면 됩니다.

마지막으로 소방간부후보생시험의 경우 소방위 계급으로 채용하는 것으로 인문사회계열과 자연계열로 나누어 시험이 진행됩니다. 합격하면 119안전센터장 직급입니다. 소방에서는 고시 합격이라고 생각하면 됩니다. 최근에 합격하여 입사한 사람들을 보면 준비생이 2년 정도 집중해서 공부하면 합격한다고 합니다. 특히 여성의 합격 비율이 늘어나는 추세입니다.

이원희 그럼 최종합격을 하게 되면 훈련은 어떻게 하나요?

김상철 소방공무원으로 최종합격을 하게 되면 소정의 교육을 받아야 합니다. 교육은 신임(일반·간부)과정과 전문과정으로 이루어져 있으며, 신임 전문교육 과정은 시·도 소방본부에 설치된 소방학교에서 3~4개월 기간의 교육을 받게 되는데 소방청 산하의 중앙소방학교에서는 간부위주의 전문교육을 전담하고 있습니다.

이원희 신임과정과 전문과정에 대해 상세히 설명해주신다면요?

김상철 신임교육과정(15주)은 소방공무원으로서 갖추어야 할 인성 함양 및 소방정신 확립을 위해 소방 업무수행에 필요한 기초 지식 및 기술 습득에 초점을 둔 교육입니다. 초임소방관으로서의 근무를 위한 화재·구조·구급·예방업무 등에 대한 기초적인 본 교육을 이수하면 각종 재난현장에서 현장업무를 원활히 수행하고, 각종 행정업무를 충실히 수행함으로써 국민에게 신뢰받는 소방공무원이 될 수 있습니다.

다음으로, 신임간부과정(1년)은 초급간부로 소방 업무수행에 필요한 기초 지식 및 기술 습득과 더불어 현장에서의 지휘역량강화에 초점을 둔 교육입니다. 본 교육을 이수하면 소방간부로서 각종 재난에 맞는 효율적인 현장지휘와 우수한 행정업무능력으로 국민과 직원에게 인정받는 소방공무원이 될 수 있습니다.

마지막으로 전문교육과정은 화재조사관 양성, 화재대응능력 1급 양성, 인명구조사 1급 양성 과정 등 업무수행에 필수적인 자격 취득을 위한 과정과 현장지휘관 역량강화, 화생방테러 대응, 지하철사고대응 등 현장지휘 및 사고대응 능력 향상을 위한 과정 등으로 구성되어 있습니다. 즉, 전문교육과정은 직무별 요구역량을 갖추기 위한 교육과정입니다. 소방관으로서 근무하는 기간에는 수시로 직무역량을 위한 교육과 훈련을 받고 있습니다.

이원희 행정업무라는 말이 나와서 말인데, 현장업무 뿐만 아니라 행정업무에도 신경을 써야하는 군요. 그런데 소방행정이 고난도의 기술·복합행정이라는 말을 들었어요. 어떻게 설명할 수 있을까요?

김상철 사실 소방이 담당하는 영역을 살펴보면 모든 기술적인 영역이 포함되고 거기에 행정적인 사항도 있어서 종합적인 업무영역으로 되어 있기 때문에 고난도의 기술과 행정이 결합된 융합업무라고 볼 수 있습니다. 재난안전 시스템이 작동하려면 현장대응을 위한 전술과 전략은 물론, 그것을 작동시키기 위한 장비와 인력이 필요합니다. 여기에는 공학적이고 기술적인 테크닉이 종합적으로 결합되어야 하는데, 특히 지원부서의 역할이 중요하다고 할 수 있습니다. 여기서 지원부서의 역할이란, 유관기관과의 협력과 정보의 공유 등을 위한 행정내부시스템의 운영과 지원들을 말하는데요. 소방행정 업무는 단독 운영이 아닌 복합체계로 결합 운영되기 때문에 잘 모르기도 하고 어려움을 느끼는 분들이 많습니다.

규제에 대한 완화는 시대적인 요청입니다. 그러나 국민생명 보호를 위해서 소방과 안전에 대한 규제는 더 강화되어야 합니다. 산소방, 전화방, 키스방 등 새로운 다중이용업소의 등장으로 급속한 사회변화에 맞게 규제도 합리화하여 더 안전한 사회를 만들어야 한다고 생각합니다. 소방과 안전에 관한 규제는 국민의 보호 장치입니다. 주거 및 숙박시설, 업무·상업시설, 학교, 의료, 공장, 터널 등과 모든 대상물의 제연설비, 스프링클러 등 안전시설의 종합 복합행정입니다. 안전관련 자격증 중에서 힘들지만 가장 선호하는 분야가 소방기술사, 소방시설관리자, 소방안전관리자라는 것을 아시지요?

이원희 가장 선호하는 분야라니 궁금한데요. 소방안전관리자는 무엇이고, 그 자격은 어떻게 되나요? 그리고 소방시설관리자에 대해서도 궁금합니다.

『화재예방, 소방시설 설치·유지 및 안전관리에 관한 법률』에 따라 근린생활시설, 판매시설, 노유자시설, 공장 등 그 밖의 다수인이 출입 또는 근무하는 장소 중 소방시설을 설치해 **김상철**

야 하는 장소를 특정소방대상물이라 하여 30종류로 분류합니다. 특정소방대상물은 건물의 규모와 용도, 설치된 소방시설의 종류에 따라 특급, 1, 2, 3급으로 나누어지는데 각 급수별로 자격요건이 정해져 있습니다. 큰 건물에 가보면 소방안전관리자의 이름과 연락처가 적혀 있습니다. 건물관계자가 스스로 건물의 소방안전을 관리한다는 의미입니다. 건물의 특성에 따라 1,2,3급으로 나누며, 소방안전관리자의 자격은 한국소방안전원에서 일정기간(3일) 법정교육(40시간)을 이수한 후 시험을 통해서 자격증 취득이 가능합니다.

그리고 건물의 소방안전을 관리하는 소방안전관리자와는 다른 소방시설관리자가 있습니다. 건물의 기능점검 및 작동점검이나 종합정밀점검 등과 같은 전문적으로 장비를 통해서 점검을 해야하는 경우에는 전문 자격증을 가진 업체에서 대행을 하게 되는데 이 부분은 소방시설관리자가 담당을 합니다.

이 두 자격 모두가 자기 책임과 시장의 기능을 강화하기 위한 방안으로 소방 기능의 확대를 위해 필요한 방향이라고 생각됩니다.

[이원희] 이것도 궁금하네요. 소방공무원들도 일반회사처럼 직급이 있을 텐데, 계급체계가 어떻게 되나요?

[김상철] 일반적으로 소방관이 공무원이냐고 물어보는 경우도 간혹 있습니다. 소방공무원은 특정직공무원입니다. 특정직이라는 의미는 국가공무원법이 아니라 소방공무원법이라는 별도 법률로 보호를 받는다는 의미이고 큰 차이는 없습니다. 경찰공무원과 같은 계급체계로 운영되고 있으며 기본급여 또한 같다고 할 수 있어요.

직급 순서 (높은 순)	소방공무원	경찰공무원	일반공무원
1	소방총감	치안총감	차관급
2	소방정감	치안정감	관리관
3	소방감	치안감	이사관
4	소방준감	경무관	부이사관
5	소방정	총경	일반직 4급
6	소방령	경정	일반직 5급
7	소방경	경감	일반직 6급
8	소방위	경위	일반직 6급
9	소방장	경사	일반직 7급
10	소방교	경장	일반직 8급
11	소방사	순경	일반직 9급

이원희 경찰공무원과 기본급여가 같다고 하셨는데, 아무래도 위험하기 때문이겠죠? 따로 인센티브 같은 것도 나오는 건가요?

김상철 월급은 인사혁신처에서 매년 1월에 공표하는 특정직공무원의 급여표에 의해서 기본급이 결정되며 근무하는 직종에 따른 부대적인 수당 등이 있습니다. 일반적으로 대형재난을 수습하고 있는 소방관들에게 더 많은 수당과 인센티브를 주어야 한다고 말씀하시는 분들이 많이 계십니다. 하지만 소방관도 공무원이기 때문에 다른 분야의 공무원들과 같은 생명수당과 급여를 받고 있습니다. 현장활동에 따른 별도의 인센티브는 없습니다. 소방공무원의 성과상여금은 연간 약 350%(정근수당, 명절휴가비, 성과금 등) 세목으로 이루어져 있습니다. 입사하면 초임 3호봉 기준으로 수당을 포함하여 대략 250만 원을 받습니다.

이원희 생각보다 많지는 않네요. 그래도 얼마 전에 소방이 국가직이 되었잖아요. 그 의미가 어떻게 느껴지시나요?

김상철 소방의 국가직 전환은 각종재난의 대응에 관한 업무를 국가가 책임지고 운영하겠다는 의미입니다. 국가적인 차원에서 신속하게 출동하고 국민의 생명과 안전을 차별없이 수행하겠다는 뜻이죠. 이제까지는 지자체장의 정치성향 및 지역주민 우선 챙기기 등에 따라 재난현장에 대한 간섭으로 소신 있는 현장지휘가 불가능했지만, 소방이 국가직으로 전환되면서 재난현장에 대한 거시적인 안목으로 전문가 중심의 현장 활동을 수행하여 국가 전체적인 안전망을 설계할 수 있게 되었습니다. 소방은 일상의 생활안전사고부터 대형재난, 특수재난 등 다양한 재난현장에서 수많은 경험과 반복된 훈련을 통해 준비된 재난대응 전문조직입니다. 어떠한 재난이 발생하더라도 오랫동안 축적해 온 경험과 노하우를 바탕으로 신속하고 일사불란한 지휘체계를 확립, 국민의 안전과 행복을 책임지는 것이 국가직화의 의미라고 보겠습니다.

이원희 국민의 안전과 행복을 책임지겠다는 말이 가슴에 와닿습니다. 그런데 조금 헷갈리는 게 있는데요. 119와 소방관의 차이점은 무엇인가요?

김상철 119는 신고 전화번호입니다. 편의상 119대원이라고 하면 소방관이라고 생각하시죠. 여기에는 구조대원, 구급대원, 진압대원이 다 포함된 호칭입니다. 이는 아마도 모 방송사에서 방영했던 긴급구조 119라는 프로그램의 영향이 아닌가 싶어요. 소방이라는 단어 자체가 과거 불이라는 용어에 한정되어 사용됐고 학술적인 측면이나 교과서적인 측면에서 불조심이라는 학습적인 용어의 의미가 각인되어 왔기 때문이 아닌가 생각됩니다. 전혀 틀린 말은 아닙니다. 하지만, 정확히 말해서 119가 아니고 소방관입니다. 소방관은 소방과 관이 합쳐서 소방관으로 부르는 말인데요. 여기서 소방관이라는 것은 그 분야에서 전문가로 존경받는 이들에게 붙입니다. 경찰관, 보안관 같은 것처럼 소방관도 국민의 생명을 살리는 일을 하는 전문적인 직업이고 존경받아 마땅한 직업이라서 소방관이라고 부르는 것이지요.

이원희 그렇군요. 이쯤에서 궁금하신 독자들이 있을 것 같아 여쭤봅니다. 언제부터 소방 활동이 시작되었고 어떻게 발전해 나갔는지, 또 소방관은 언제 처음 생겨났는지 등에 대해서도 말씀해주시면 좋을 것 같아요. 역사를 아는 것도 중요하니까요.

김상철 인간이 불을 사용하게 되면서부터 화재는 항상 큰 골칫거리였어요. 그래서 불을 끄는 것이 생명과 재산을 지키는 중요한 임무였죠. 소방에 대한 기록은 로마 시대부터 있었어요. 당시에는 아직 소방대가 있지 않아서 불이 나면 사람들이 모여 양동이로 물을 날라 끄고 주변 건물을 부수어 더는 불이 번져 나가지 못하도록 하는 수준이었죠. 그러다가 로마 황제 아우구스투스가 화재를 진압하는 방화 제도를 만들면서 국가적인 소방의 역사가 시작되었다고 할 수 있어요.

이원희 그렇다면 우리나라에는 언제부터 소방의 역사가 시작되었다고 볼 수 있을까요?

김상철 우리나라도 삼국사기에 따르면 문무왕 때 세

차례의 화재가 발생했대요. 그 기록을 근거로 그때 방화에 대한 개념이 생겨난 것으로 추론하고 있죠. 고려시대에 와서는 금화제도라는 소방제도가 마련되었습니다. 각 관아의 관리에게 화재를 예방할 책임을 부여한 뒤 화재가 발생하면 관리를 면직시켰죠. 화재의 원인을 조사한 뒤 민간인이 불을 냈다면 화재 발생 장소에 따라 차등해 벌을 주기도 했고요.

이원희 흥미롭네요. 그렇다면, 금화제도가 어떤 것인지 설명해주신다면요?

김상철 금화제도는 주로 화재를 예방하는 제도였어요. 민간이나 관리들이 실수로 불을 냈을 때는 처벌하고, 각 관아에 화재를 감시하는 관리자를 두어 수시로 점검하도록 했죠. 또한 불이 나기 쉬운 초가지붕을 기와로 바꾸고 건물도 보수하는 시설 개선 작업도 했고요. 조선시대에 이르자 최초의 소방 전문조직인 금화도감이 설치되었어요. 소방대원의 명칭도 시대를 거치면서 금화군, 멸화군 등 다양한 이름으로 불렸어요. 그러다가 1884년에 갑오개혁으로 인해 경찰 업무를 맡는 경무청이 만들어지면서 경무청이 소방 업무도 맡게 되었죠.

이원희 소방이라는 단어가 애초부터 있지 않았네요. 언제부터 생긴 거죠?

김상철 1985년 근대 소방 시스템을 도입하면서 처음으로 '소방'이란 단어를 사용했어요. 일제강점기에는 서울 시내 경찰관서에 소방관을 배치했고, 1925년에는 최초의 소방서인 경성소방소가 만들어졌죠. 2004년에 소방방재청이 설립되어 국가재난관리 및 소방업무를 보았으나, 2014년 세월호 참사의 여파로 해체되어 국민안전처(중앙소방본부)로 편입되었다가 현재는 2017년 7월 26일 소방청[National Fire Agency, 消防廳]으로 분리되어 전국 5만 6천 명의 소방공무원들이 근무하고 있습니다.

이원희 소방의 역사도 알았으니 소방 업무에 대해서도 구체적으로 알고 싶은데 설명해주실 수 있을까요?

김상철 소방 업무는 화재예방을 위한 활동과 화재현장의 진압업무, 생명구조를 위한 구조구급업무로 나눌 수 있습니다. 사전예방활동도 하는데요. 건물의 소방시설을 점검하거나 예방계획을 세우는 등 홍보 활동도 하는 거죠. 특히, 태풍이나, 홍수, 건물붕괴, 가스폭발 등 각종 재난상황이 발생한 경우 출동해서 인명을 구조하고 재산을 보호하는 일도 소방관의 업무 중 하나예요. 화재예방과 진압이라는 전통적 업무에서 긴급구조 및 구급출동으로 점차 업무 영역이 확대되어 지금은 국가의 모든 안전사고를 담당하고 있죠.

이원희 그럼 담당 업무에 따라 근무지가 다르겠네요.

김상철 그렇죠. 소방관은 담당 업무에 따라 내근과 외근으로 나누어져요. 행정업무를 하는 내근이 있고, 현장 활동을 하는 외근 소방관이 있습니다.

내근하는 소방관은 소방청, 소방본부, 소방서에 근무하면서 일반 행정 분야, 구조·구급 행정 분야, 화재 예방 분야에서 일하고 있어요. 구체적으로 일반 행정 처리 및 현장부서 업무 지원, 소방홍보 업무, 건축 및 다중이용업소의

인·허가, 건축물의 소방검사, 위험물 지도·감독 등의 업무를 합니다.

외근하는 소방관은 현장 활동요원이라 불리며 담당 업무에 따라 화재진압요원, 구조요원, 구급요원으로 나누어져요. 화재진압요원은 각종 화재와 사건사고 발생 시 신고와 동시에 현장에 출동해 화재를 진압하거나 인명을 구조하는 역할을 해요. 평소에는 주요 인명피해가 우려되는 취약대상의 현지적응훈련 및 자료조사, 도상훈련, 실전 가상전술훈련 등을 실시하거나 각종 장비 등을 정비하고 소방용수 공급에 차질이 없도록 만전을 기하고 있고요.

그리고, 구조요원은 화재나 교통사고와 같은 사고 발생 시 화재진압요원과 동시에 출동해 인명을 구조하는 역할을 하고 있어요. 화재현장은 물론 구조요원들만의 특수하고 전문적인 기술을 요하는 자살, 생활안전사고, 교통사고, 산악이나 수난(내수면)사건사고 현장에도 출동하고 있습니다.

마지막으로 구급요원은 위급한 환자가 발생하면 필요한 응급처치를 하고 병원으로 이송하는 역할을 해요. 병원 도착 전까지 의료적 서비스를 수행할 수 있도록 하고, 특히 상황이 긴박할 경우 원격으로 의사의 도움을 받습니다. 의사가 현장에 출동한 구급대원에게 음성이나 영상통화로 응급처치에 필요한 지도를 하는 건데요. 전국 9개 응급의료권역에 응급의학과 출신 전문의사가 각각 1명씩 24시간 상주하고 있는 119현장 의료지도 시스템을 구축하여 응급구조사나 간호사들이 출동대원으로 지정되어 적절한 조치를 통해 2차 사고를 예방하고, 환자의 회복을 돕고 있어요. 목숨을 걸고 일하는 소방관 중 어느 누가 열심히 하지 않을 것이며 어느 누가 긴장하지 않겠습니까? 긴박한 순간에서 최선을 다하는 모든 소방관들에게 격려와 수고의 말 한마디가 우리한테는 힘이 나고 기운이 나죠.

이원희 독자분들도 소방관들에게 응원의 한마디라도 해주시면 좋을 것 같습니다. 다음 질문입니다. 소방관이 아님에도 소방을 위한 활동을 하는 조직이 있는데요. 바로 민간자원봉사조직 의용소방대죠. 어떤 조직인가요?

김상철 의용소방대는 민간인으로 조직되어 소방의 기능을 지원하는 역할을 합니다. 특별시·광역시·특별자치시·도(道)·특별자치도, 시(市)·읍(邑) 또는 면에 설치할 수 있습니다. 대장·부대장·부장·반장 또는 대원으로 구성되며, 화재의 예방·경계·진압 및 구조, 구급 업무를 지원합니다.

이원희 임명 조건이 까다롭진 않은가요?

김상철 그 지역에 거주 또는 상주하는 사람으로서 봉사정신과 희생정신이 투철하다고 인정되는 사람이라면 임명될 수 있습니다. 입대를 원할 경우 이력서 1부, 소방업무 관련자격증 사본 1부를(자격증소지자에 한정) 소방서장에게 제출하여야 합니다. 신규 임명된 대원은 소방활동 보조에 필요한 의용소방대 제도, 화재 진압장비 사용방법 등 기본교육을 2년 이내 36시간 이수하여야 하구요. 기본교육 이수 후 수난구조, 산악구조 등 전문교육을 연 12시간 이수하여야 합니다. 소방관이 아니면서 소방을 위해 활동할 수 있는 보람 있는 조직이라고 할 수 있죠.

이원희 그렇군요. 이렇게 또 한 번 알게 되니 재밌네요. 그런데 우리가 긴급한 일이 생기면 보통 119에 신고를 하잖아요. 어떤 과정을 거쳐서 출동하게 되는 건가요?

김상철 예전에는 해당 지역 소방서에 자체 상황실이 있었는데 지금은 모든 시도소방본부에 119 종합상황실을 설치해서 모든 119 신고전화를 받아요. 신고 접수를 일원화해서 접수와 출동 등 모든 소방 활동 상황을 통합으로 관리하고 있습니다. 119신고를 하는 순간 신고자의 위치가 GIS(Geographic Information System)라고 하는 지리정보시스템 지리적 자료를 수집, 관리, 분석할 수 있는 정보시스템에 의해 확인돼요. 상황실 접수대원은 신고를 접수와 동시에 현장과 가장 가까운 119안전센터와 관할지역 소방서에 출동지령을 내리게 되어 있습니다. 출동지시를 받은 소방대원들은 즉시 신고 장소로 출동하고요. 모든 출동 상황은 실시간으로 119 종합상황실로 보고되기 때문에 진행 상황을 한 눈에 알 수 있죠. 또한, 출동하는 동안 위성을 이용한 내비게이션과 무전기를 통해 현장 상황을 공유하기 때문에 입체적인 현장 지휘와 사고대응에 경찰 등 유관기관과 공유 및 협업시스템을 구축하고 있습니다.

이원희 하루를 기준으로 얼마나 출동을 하시나요? 쉬는 시간도 없을 것 같은데요.

김상철 화재출동 건수를 물어보시는 분들이 많습니다. 2017~2018년 2년간 전국 화재진압 소방차량 출동건수가 총 8만 6,518건, 하루 평균 118.5건의 소방업무를 수행했지요. 구체적으로 1일을 기준으로 보면 화재는 115건, 구조 2,294건, 구급 8,134건, 생활안전 1,085건을 출동 소방관들이 처리했습니다. 물론 출동하고 있는 도중에 상황이 종료되어 돌아오는 건수와 오인신고로 인한 출동건수를 포함하면 출동은 이보다 더 많이 했겠지요.

이원희 다른 건 대충 감이 잡히는데, 생활안전 출동은 무엇인가요?

김상철 생활안전은 "길가에 큰 개가 있어요~!", "벌

집이 있으니 제거해 주세요~!" 등 시민의 안전에 위협을 주는 출동을 말합니다. "수도가 터졌어요.", "쥐가 나타났어요." 등의 신고로 출동하기도 했지만 이런 단순한 신고의 경우는 생활민원으로 분류되어 소방관은 출동하지 않습니다. 단순 생활안전민원은 110번으로 신고하시면 됩니다. 다만, 생명이 위협을 받거나 긴급사항이 발생 시에는 119가 출동해서 선제적인 조치를 취하고 있습니다. 최근 제천화재로 많은 분들이 사망하는 안타까운 일이 있었는데 당시 소방관이 생활민원출동을 해서 구조출동이 늦어지는 일이 있었습니다. 그래서 이제는 단순 생활안전민원은 소방관이 출동하지 않습니다. 앞으로 생활안전민원은 꼭 110번으로 신고해주세요. 그래야 소방관이 꼭 필요한 생명을 살리는 현장에 빨리 출동해서 시민의 생명과 재산을 지킬 수 있습니다.

이원희 꼭 긴급한 상황일 때만 119에 신고를 해야 한다는 점, 우리 모두 명심해야겠습니다. 다음 질문입니다. 택시기사가 응급환자가 탄 구급차를 막은 사건, 다들 기억하실 거에요. 이 응급환자는 골든타임을 놓쳐 결국 사망했는데요. '골든타임'이 얼마나 중요한지 설명해주세요.

김상철 골든타임은 119신고를 받고 현장에 도착하는 시간을 말하는 것으로 소중한 생명을 살릴 수 있는 귀중한 시간, 위험한 상황에서 국민들이 애타게 찾는 "119"에 대한 SOS입니다. 골든타임을 지키기 위해서는 구급차가 신속하게 현장에 도착할 수 있도록 운전자의 적극적인 협조가 필요합니다. 사이렌 소리가 들리면 모세의 기적이 일상적으로 일어나야 할 것입니다.

이원희 구급차에 양보하는 미덕이 일상적으로 일어났으면 좋겠습니다. 문득 이런 궁금증이 생겼는데요. 화재 출동 시에 입는 옷의 무게는 어느 정도인가요? 많이 무겁나요?

김상철 소방관이 불을 끌 때 입는 옷은 방화복이라고 합니다. 상하의 방화복, 헬멧, 방수화, 방화두건, 화재진압장갑을 착용하고 그 위에 공기호흡기를 착용합니다. 그리고 여기에 무전기, 연기투시랜턴, 도끼, 개인로프 등이 추가됩니다. 물론 소방차에서 연결된 소방호스와 호스 끝에 물이 나오는 장비인 관창을 잡고 불이 난 곳으로 신속하게 이동하여 화재를 진압하지요. 이 모든 장비의 무게는 대략 20kg 이상 됩니다.

이원희 **20kg 이상의 무게를 입고 출동하는 게 여간 힘든 일이 아니겠는데요. 그럼에도 소방공무원에게 제복이 주는 의미가 남다를 것 같습니다. 어떠십니까?**

제복공무원은 사기와 긍지를 먹고 삽니다. 솔직히 저는 죽을 고비도 몇 번 넘기다 보니 두려움이 없다고 생각하실 수도 있지만, 지금도 현장 활동을 하면서 항상 긴장하고 혹시나 잘못될까 봐 걱정하곤 합니다. 내 의지와는 상관없이 운명이라고 생각할 수밖에 없는 현실인 거죠. 제복의 의미는 살아서 입는 수의(壽衣)라고 생각합니다. 아마 출동을 나가는 소방관이라면 한번 **김상철**

쯤 다 생각을 하고 있을 겁니다. 그러나 내 본연의 업무이고 지금껏 해왔기에 늘 소임을 다하고 있다고 생각합니다. 소방공무원은 위험에 처한 사람들에게 도움을 줄 수 있다는 것에 대한 무한한 자부심과 긍지를 가지고 있습니다.

이원희 뉴스나 텔레비전에서 보면 소방관들이 입는 옷이 다양한 것 같습니다. 어떤 제복들이 있나요?

김상철 소방공무원이 되면 착용해야 하는 제복이 많이 있습니다. 현장 활동시 입어야 하는 기동복, 방화복이 있고 행정지원부서에서 근무시 입는 근무복이 있습니다. 각종행사시 입어야 하는 정복 등이 법으로 규정되어 있어서 아무것이나 입을 수가 없습니다. 피복을 개정하는 일은 기관의 협의가 필요하기 때문에 오랜 시일이 걸립니다만, 시대적인 상황과 사회변화의 추세에 맞춰 전문가들의 연구결과와 일선 소방공무원들의 의견을 수렴해서 결정되고 있습니다. 소방청에서 의견을 수렴한 결괏값을 가지고 관련 규정을 개정하면 일선 소방서에서 예산을 편성해서 구매를 추진하고 있습니다.

이원희 식사는 제대로 챙겨 드시나요?

김상철 소방서는 24시간 운영되어야 하고 언제 출동할지 모르기 때문에 외부식당에 가서 먹을 수가 없습니다. 지금은 거의 모든 소방서에 구내식당이 있어서 3끼의 식사를 해결하지만, 불과 몇 년 전까지만 해도 구내식당이 없거나 음식을 조리해 줄 사람을 구하지 못해서 배달음식을 시키거나 직접 조리해 먹었습니다. 그런데 배달을 시켜놓고 출동이 걸리면 음식이 불거나 딱딱해져 있어 먹지 못하는 경우가 많아서 버리는 경우가 많았습니다. 간짜장 같은 경우는 면과 소스가 분리되어 있어 뒤늦게 먹더라도 허기를 채울 수 있는 건 다행이죠. 그리고 언제 출동이 걸릴지 모르기 때문에 식사 속도가 빠르다는 것이 특징입니다. 또, 현장에 나가면 장기간 활동을 해야하는 경우가 많아서 급하게 먹는 특성이 있습니다. 다른 공무원 직종 종사자에 비해 식사 속도가 **빠른** 편인데, 거의 9분 정도에 끝내는 편입니다. (식사평균시간 - 소방공무원: 8분 29.00초, 해양경찰공무원: 8분 33.17초, 군인: 10분 44.77초, 일반회사원 16분 51.00초 등)

이원희 상당히 빠르네요. 이렇게 식사도 빨리하실 만큼 바쁘신데 체력 증진을 위해서 따로 하시는 활동이 있나요?

김상철 바쁘긴 하지만, 재난현장은 인간의 체력으로 극복하기 힘든 험난한 상황과 생명의 위협을 받으며 생명과 사투를 벌여야 하는 곳이기 때문에 평소에 꾸준한 대응훈련과 체력단련이 필수적입니다. 이를 위한 다양한 체력단련 시설 및 장비들을 소방서 및 119 안전 센터에 구비하여 실시간으로 이용하게 하고 있습니다. 그런데 일부에서는 근무시간에 운동한다고 질책하거나 민원을 제기하는 분들도 계셔서 참으로 답답한 마음도 있습니다. 형식적인 성과평가가 아닌 현장 능력을 강화해야 하는 것인데 말이죠.

이원희 현장 능력을 강화한다면, 반복되는 참사에 대한 대비뿐만 아니라 재발방지에도 효과적일 수 있겠군요?

김상철 현장능력 강화도 물론 중요하지만, 지금까지 발생한 수많은 대형재난의 재발방지를 위해서는 관료조직의 이기주의가 먼저 뿌리뽑혀야 한다고 생각합니다. 고위직 관료나 정치인들이 이래라저래라하는 것은 둘째치고 소속기관별로 자기들의 역할을 홍보하기 위해 보고서를 만들고 난리구요. 소방지휘관들은 그들에게 보고하느라 현장지휘는 뒷전입니다. 저는 그들에게 '불구덩이 속으로 뛰어들어보라! 행정관료 권한으로 함부로 말하지 말라!' 이렇게 말하고 싶습니다. 조직이기주의를 버리고 정말 국민의 안전을 생각한다면 참사가 재발되는 것을 막기위한 결의와 각오가 있어야 한다고 생각합니다. 모든 조직은 권한과 책임을 동시에 부여해야 역사와 국민들을 위해 대의명분을 가지고 사명감 하나로 일할 수 있는 것입니다.

이원희 현직 소방관으로서 소방서 예산에 대해 말씀해 주신다면요?

김상철 소방예산은 소방 인력과 장비의 확충, 소방기관의 신설 및 보강 등 소방서비스의 운영을 위한 세입과 세출 예산을 확보하고 회계 절차에 따라 지출하는 것을 말합니다. 그동안 소방 조직은 중앙부처 및 광역지방자치단체 소속으로 예산의 편성 및 운용의 독립성이 없어서 다른 행정분야에 비해 상당한 제약성이 있었는데요. 세월호 침몰사고를 계기로 소방안전시설 확충과 안전관리 강화를 위하여 소방안전교부세가 신설되어서 나아지기는 했으나 아직도 예산의 독립은 미흡한 실정이라고 볼 수 있습니다.

이원희 소방안전교부세, 이름이 생소한데 무엇인가요?

김상철 소방안전교부세는 그동안 소방관련 예산을 중앙부처에서 지방자치단체로 내려주면 일반예산과 같이 편성해서 다른 용도로 집행하는 사례가 있어서 새롭게 신설된 제도입니다.

2015년 담배소비세를 인상하면서 담배가 화재의 원인이 된다는 여론을 반영하여 담배소비세의 20%를 분리하여 소방안전교부세를 도입하였습니다. 2020년까지 75% 이상에 해당하는 금액을 매년 소방분야에 사용해야 한다고 명시한 것인데, 2015년부터 2017년까지 3년간 총

9,192억 원이 각 시·도 노후 소방장비 보강에 투입되었습니다.

한편 2014년 5월 28일 지방재정법 개정으로 목적세의 특별회계 의무 설치 조항이 신설되면서 각 시·도에서는 소방과 관련한 목적세인 지역자원시설세를 중심으로 하는 소방특별회계 설치 조례를 제정하여 2016년부터 운영하고 있고, 지방자치단체는 지방세 중 지역자원시설세 소방분의 수입과 소방안전교부세 등 일반회계에서 소방재원으로 활용되는 부분, 그리고 세외수입(과태료, 수수료 등), 정부의 이전 재원인 국고보조금과 응급의료기금으로 운영하고 있습니다. 소방의 재정 확충을 위한 노력이 지속되는 만큼 국민들이 관심을 두고 지지를 해 주시면 좋을 것 같습니다.

이원희 예산은 국민의 세금으로 운영되기 때문에 국민의 관심과 지지가 필요한 듯 합니다. 다음 질문입니다. 제가 듣기로는 건물을 짓거나 할 때도 소방서에서 하는 역할이 있다고 하는데, 어떤 일을 하시나요?

김상철 건축물의 방화에 대하여는 건축법과 소방법에서 각각 규정하고 있는데 1958년 소방법 제정과 함께 이 제도가 생겨났습니다. 건축법에서는 건축물의 방화 구조 시설을, 소방법에서는 소방시설과 방염을 다루고 있는데요. 소방대상물인 건축물에 있어 화재 예방 및 진압 등 소방안전대책 상 위험이 예상되는 일정 규모의 건물이 신축·증축·용도변경 등의 건축 행위에 대하여 건축물의 설계 단계부터 소방 상 필요한 사항을 적정·적법하게 설치함으로써, 근원적으로 건축물의 소방안전을 확보하기 위해 실행하는 행정 작용으로 건축허가의 일부분을 담당하고 있죠. 건축허가 부서인 행정관청에서는 허가 및 준공 전에 반드시 소방서장의 동의를 받게 되어 있습니다.

이원희 이건 좀 다른 질문인데요. 흔히 소방과 지역주민은 밀접하다고 이야기합니다. 여기서 소방의 역할이 무엇이라고 생각하세요?

김상철 자식보다 더 가깝고 필요시 빨리 오는 것이 119라고 어르신들이 말씀하고 있습니다. 고령화된 현대사회에서 일상생활 속 불편함을 도와줄 수 있는 공공영역으로는 119가 유일하기 때문인데 그만큼 지역사회에 없어서는 안 되는 것이 소방의 현실입니다. 지역 밀착형 서비스를 제공하다보니 학자들은 소방사무가 '지역주민과 밀접한 사무'이기에 지방에서 책임져야 하며, 지자체의 도덕적 해이를 방지하기 위해 재난에 대한 책임성을 부과해야 한다고 주장합니다. 그러나 전국적인 표준화된 서비스를 제공하고 대형 화재에 대해 지역이 서로 협력하기 위해 국가의 기능은 중요합니다. 소방업무가 주민과 밀접하기에 지역, 남녀노소, 인종을 가리지 않고 국가가 해야 할 책무를 최일선에서 수행하는 것입니다.

이원희 안 보이는 곳에서도 열심히 노력하는 그 모습이 아름답습니다. 마지막으로 소방사무란 어떤 것인지 답변 들어보고 다음으로 넘어가겠습니다.

대한민국은 미국처럼 넓지 않습니다. 미국은 주단위로 발전되어 국가가 연합체로 형성되었기 때문에 주(State)정부 단위 법률체계와 주 **김상철**

단위로 소방을 운영합니다. 미국의 주는 우리나라보다 넓은 곳이 대부분이구요, 우리나라는 국가가 먼저 생기고 지방자치를 시행하였기에 국가 단일법 체계로 운영되고 있는데, 미국처럼 소방사무가 지방사무라고 지방에 떠맡기는 것은 모순이겠죠? 그럼에도 우리의 경우에 소방의 사무를 단순하게 지방사무로 보는 경향이 있습니다. 하지만 현실은 소방의 업무영역이 광범위하고 모든 분야에 걸쳐서 전국적인 출동을 하는 현실에서는 국가적인 측면에서 비용과 시스템을 구축할 필요성이 있는 것 같습니다.

03

보람 있는
소방관의 삶

이원희 나라별로 현실적인 시스템을 구축해야한다는 말씀, 잘 들었습니다. 이제 다음 주제로 넘어가 볼 텐데요. 현장에서 답이 나온다고 하죠. 대한민국 소방, 어떻게 생각하시나요?

시민 관점에서 생활 속 불편함이나 나의 안전에 관련한 공공서비스를 받는 것은 '어느 기관이 해결해 주느냐'의 문제가 아니라 신속한 것이 중요합니다. 아프고 불편하고 생명이 위험할 때 도와달라는 것이 119 신고내용 대부분인데요. 소방은 화재뿐만 아니라, 산사태, 교통사고, 항공기 사고, 산불, 수난사고, 지진·해일 등 모든 재난 현장에서 최후의 국민생명 지킴이 **김상철**

입니다. 태풍, 폭우, 폭설 등 자연재난을 당했을 때 범람하는 강물 속에서 또는 날아다니는 간판들 사이에서 누가 목숨을 걸고 국민들을 구해주는지 생각해보시면 좋을 것 같습니다. 현장 속에 답이 있다는 말의 의미를 정책을 결정하는 분들께서 잘 아셨으면 합니다.

> **이원희** 자기 일에 대해 이렇게 확고한 신념을 갖고 계시니 존경스럽네요.

감사합니다. 한 마디 덧붙이자면, 소방은 안전 분야에 독보적인 위상을 가지고 있습니다. 우리나라 소방은 비인기직종에다 3D업종이고, 관련 종사자가 소방관들뿐이라고 생각하시는 분들이 많으시겠죠? 하지만 소방관련 학과가 80여 개, 소방업체만 5,000개가 넘는 안전 분야의 유일한 독립분야라는 점 알아주셨으면 합니다. **김상철**

> **이원희** 대한민국 소방의 품격이 느껴지는데요. 그렇다면 소방관님, 그 위상은 어느정도라고 생각하시나요?

김상철 우리 소방의 위상을 보면 얼마나 대단한지 알 수 있는 부분이 있습니다. 대한민국은 2011년 11월 'UN 국제구조대 Heavy(최상급)' 등급을 받아 국제사회에서 인명구조에 탁월하다는 전문성이 입증되었으며, 구조대원 자격제도와 끊임없는 교육·훈련을 통해 전문 인력을 양성하고 국제구조 인력풀을 전국적으로 구성하여 국제적 구조역량을 키워나가고 있습니다. 국내는 물론, 해외에서도 국격을 높이는 데 최선을 다하고 있는데요. 재외국민 보호 및 인도주의 실현을 위해 1997년 이래 중앙119구조본부(국가직)에서 해외에 13회 출동하여 국위를 선양하였습니다. 직업에 대한 인지도 조사에서도 소방관은 항상 상위권에 있습니다. 학교에서 아이들에게 장래희망을 물어봐도 소방관이 되고 싶어 하는 아이들이 많은 것도 답이 될 수 있습니다.

이원희 위상만큼 국민안전지수가 높다고 체감하시나요?

김상철 자료를 찾아보니까, 범죄나 자살, 또는 재해 및 식품안전 등의 국민생활안전 정도를 나타내는 국민안전지수는 전년(2017년) 대비 0.26p 상

승하고, 2016년도에 비해 0.13p 하락한 것으로 나타났습니다. 이제 소방이 국가직화가 되면서 안전에 대한 국가 책임과 지원이 한층 강화되고, 시·도별로 달랐던 처우와 인력·장비 등 소방서비스 격차가 해소되면서 더욱 신속하고 체계적인 안전서비스를 제공할 수 있을 것입니다. 소방이 발전하면 국민안전지수가 높아진다는 것을 보여주는 것이 앞으로 대한민국 소방이 나아가야 할 방향이라고 봅니다.

이원희 다음 질문입니다. 영화에서 많이 나오는 말인데요. "First in! Last out!", 어떤 의미인지 궁금합니다. 소방과 관련이 있나요?

김상철 재난현장에 가장 먼저 들어가고(First in!), 가장 나중에 나오는 사람(Last out!)을 말하는 것입니다. 이는 국민의 생명과 재산을 보호하기 위하여 최선을 다하겠다는 소방관들의 의지와 다짐이기도 합니다. 가슴에 태극마크를 달고 국가대표 소방관으로서 어떠한 재난 현장에도 머뭇거리지 않고 들어갈 수 있는 신념과 용기를 달라고 하는 것이죠.

이원희 그런 뜻이었군요. 소방관들의 숭고한 정신을 느끼게 됩니다. 그렇다면 소방관님은 소방관에게 헌신, 가치, 희생이 뭐라고 생각하시나요?

김상철 공무원 헌장에도 나와 있듯이 우리는 헌법이 지향하는 가치를 실현하며 국가에 헌신하고 국민에게 봉사합니다. 저는 소방에 입직하면서 지금까지 소방관에게 희생과 가치, 헌신은 무엇인가에 대해 많이 고민해보고 공직자의 올바른 마음가짐과 공직가치를 어떻게 실천하는가를 생각해봤는데요. "국민이 부르면 일초 일각의 시간이라도 지체하지 않고 달려가 구호의 손길을 내밀고 이에 대한 어떠한 차별도 없고, 대가도 바라지 않는 사람들이 소방관의 정신이다."라고 이야기할 수 있을 것 같습니다. 우리 소방관은 사명감 하나로 물불을 가리지 않고, 두려운 재난과 맞서 싸우는 불사조 인생을 살고 있습니다. 그러나 희생과 봉사라는 강한 직업윤리로 각종 재난현장에서 불굴의 실천을 수행함에도, 대국민적 인식과 직업적 자부심을 높일 수 있는 철학적 이념의 부족과 정립되지 않은 119정신으로 인해 국민 모두가 공감

하는 소방의 가치를 도출하는데 한계가 있다고 생각합니다. 소방은 단순히 생계수단을 목적으로 하는 '생업'이 아니라 국가와 국민에게 봉사하는 숭고한 사명으로 생각하며 직분에 맞게 충실하게 생활을 하고 있습니다. 이러한 소명의식은 국가와 국민에게 '헌신'과 '희생'을 통해 재현되며, 국민의 생명을 보호하기 위해 가장 중요한 자신의 생명까지도 아낌없이 바칠 수 있다는 것을 의미하는데, 소방조직은 이미 상생의 정신을 몸으로 실현하고 있죠. 위험한 현장 속에서 죽음을 담보로 불과 싸우는 소방관에게 동료에 대한 신뢰와 그를 바탕으로 한 협동이 없다면 효과적인 소방 활동과 구급활동은 불가능할 것입니다.

 소방관에게 '사명과 가치'란, 소방관으로서 개인, 즉 나에 대한 핵심가치라고 말할 수 있습니다.

이원희 소방관과 리더십에 대한 질문을 끝으로 다음으로 넘어가보죠. 현장지휘관 모자는 함부로 맡기는 것이 아니라는데, 그 이유가 무엇인가요?

김상철

"대한민국 소방관의 지휘관은 더 이상 위기 상황과 현장에서 마음과 감정에만 의존할 수는 없다. 지휘관은 냉철함을 유지하고 계획을 세우고 행동을 취해야 한다."라고 간단히 말하고 싶네요. 화재, 구조·구급, 재난 위기상황에서 사람들을 구하기 위해서는 우리는 큰 희생을 감수해야 합니다. 그것이 아무리 힘들고, 목숨을 바치는 일일지라도 그래야 국민이 우리를 믿고 신뢰하기 때문입니다. 냉철하고 신속한 의사결정을 내리는 것도 능력이며, 용기만 믿고 무작정 뛰어들기만 한다고 구조가 이루어지지는 않기 때문입니다. 동료들 중 누구를 타오르는 건물 안으로 들여보낼지, 그리고 그들이 불길을 어떤 방식으로 잡아야 할지를 결정하는 것도 지휘관의 결정이고 선택입니다. 모든 선택지가 소진됐다는 판단이 들거나 상황이 더 이상 희망이 없다는 판단이 들면 대원들을 현장에서 철수시키는 명령을 내리는 것도 지휘관의 몫이고 선택입니다. 저는 크고 작은 숱한 재난현장에서 무능하고 자질 없는 지휘관을 무수히 봤는데요. 소방지휘관이 내리는 모든 결정 하나하나가 생명의 무게를 짊어지고 있는

데, 불확실한 정보를 숙고할 시간도 없이 모든 이들이 지휘관의 결정만을 기다리고 있을 때가 부지기수입니다. 지휘관이란 위기상황에서 현장에 가장 먼저 도착하거나, 가장 전문성 있는 사람을 기준으로 현장지휘관을 결정하는 것입니다.

과거 9·11 사태 때, 펜타곤(미 국방부 청사)이 공격을 받아 화재가 발생했는데요. 현장지휘관으로 도착한 사람은 럼즈펠드 국방부 장관이 아닌 알링턴 소방서의 '넘버2' 제임스 슈월츠였습니다. 우리가 새겨 들어야할 대목입니다. 의전이 중요하고, 보고가 중요한 게 아닙니다.

04

소방관의 '불편한' 진실

이원희   이 주제는 다른 것보다도 안타깝네요. 최근 보도 자료를 보면, 소방관 자살률이 OECD 평균 자살률의 2.57배, 일반인 자살률의 1.21배라고 하던데 이런 극단적인 문제가 타 직종보다 많은 이유가 뭘까요?

세계보건기구(WHO)는 자살을 '자살 행위로 인해 죽음을 초래하는 경우로 죽음의 의도와 동기를 인지하면서 자기 자신에게 가한 상해'라고 정의되어 있습니다. 일반적 정의로는 '자발적으로 그리고 의도적으로 자신의 생명을 끊거나 끊으려고 시도하는 행동 혹은 그러한 경향'이라고 할 수 있습니다.   **김상철**

라틴어 sui(자기 자신)와 caedo(죽인다)라는 단어에서 그 어원을 찾을 수 있는데, 자살은 장애나 진단명이 아닌 행동입니다. 자살 생각(suicidal ideation)이나 자살 시도(suicidal attempt), 자살 행동(suicidal behavior) 등 각각 단적으로 나타나는 게 아닌 하나의 연속선상에 존재하는 자살 경향성(suicidality)으로 볼 수 있는 것입니다. 실제로 이미 일어난 자살 사망은 막을 수 없으므로 실제 자살 사망을 막기 위해서는 자살 생각의 단계에서 자살 예방 개입이 이뤄져야 한다고 생각합니다.

소방관의 자살은 2015년부터 2019년까지 56명으로 같은 기간 순직한 소방관 23명보다 두 배 이상 많은데요. 소방관 자살문제는 한국만의 문제가 아니며, 미국 소방관들도 순직보다 자살로 사망할 가능성이 크다는 연구결과가 나온 통계가 있어요. 소방관 자살에는 직무스트레스나 가정문제, 금전문제, 건강문제 등 다양한 요인이 영향을 미친다고 할 수 있는데 특히, 소방관은 소방 활동 중 처참한 현장을 많이 접하기 때문에 일반인보다 외상 후 스트레스 장애(PTSD)를 겪게 될 확률이 높고, 그럼으로써 극단적 선택을 하는 주요한 요인이 되기도 하죠. 외상 후 스트레스 장애 증상은 소방관들의 자살위험과 긍정적으로 관련 있다는 다양한 연구 자료와 외상 경험의 종류와 관계없이 외상 경험이 많은 소방관들은 외상 후 스트레스 고위험군인 경우가 많습니다. 외상 경험으로 자살을 생각하고 더 나아가 자살 시도까지 하는 것으로 볼 수 있습니다.

이원희 외상 후 스트레스 장애(PTSD)가 그렇게 심각한가요?

김상철 재난 현장으로부터 외상 후 스트레스. 소방재정, 유해물질의 노출로 인한 희귀질환 질병, 소방병원 등 개인이 해결하는 게 아니라 국가가 모든 것을 해결해 주는 것이 진정한 국가라고 생각합니다. 소방관들에게 PTSD는 일상적인 일이에요. 일반인의 경우 PTSD 유병율이 5% 수준이지만, 소방공무원은 35~40% 수준이거든요. 국민의 생명을 구하기 위해 필연적으로 겪는 소방관 정신건강, 이제는 국가가 앞장서서 치료해 줘야 할 때입니다.

소방청에서는 2023년까지 총사업비 1,328억 원을 투입하여 소방복합치유센터를 충북 음성군의 충북혁신도시 내에 건설할 예정으로 소방공무원이 겪는 주요 부상과 질병 치료에 특화한 근골격계 · 외상 후 스트레스 장애(PTSD) · 화상 · 건강증진 등 4개 센터에 21개 진료과목, 300병상을 갖춘 소방종합병원으로 추진합니다. 따라서 소방공무원 임용부터 퇴직 시기까지 직무 특성을 고려한 전문적이고 체계적인 건강관리 · 치료가 가능해질 것입니다.

이원희 그나마 다행입니다. 그런데 자살만큼 소방관의 순직 또한 많이 일어나잖아요? 최근 10년간 재난현장에서 순직한 소방관이 72명이나 된다고 하더라고요. 소방이 내부적으로 바라는 점이 있을까요?

김상철 현재 국가직이 되었지만, 인력 부족으로 매년 평균 일곱 여 명의 소방관들이 현장 활동 중 순직하고 있습니다. 열악한 근무환경에서 국민 생명을 구하기 위해 쓰러져 가는 소방관들, 이제는 국가가 소방관들을 지켜줘야 할 때입니다. 지금도 불철주야(不撤晝夜) 묵묵히 현장에서 활동하고 있는 소방관들은 '오늘도 무사히'라는 표어를 늘 마음속에서 되새기고 있습니다. 안전한 현장 활동으로 근무 때마다 더 이상 소방가족이 걱정하지 않을 수 있도록 해야 합니다. 그 시작은 국가의 믿음과 신뢰로부터 나온다고 생각해요. 그래야 소방관이 헌신과 사명감을 가지고 일을 할 것입니다.

열악한 환경에서도 단 한사람의 생명이라도 구하려고 물불 안 가리고 재난현장으로 뛰어들어 쓰러져간 소방관들. 그들은 일한 만큼, 헌신한 만큼 인정해 주는, 제대로 현장에서 일할 수 있는 여건을 마련해주기를 간절히 바라지 않을까요?

05

대한민국 소방의 현주소

이원희 2020년은 재난의 해라고 해도 과언이 아닐 정도였는데요. 재난대응의 체계는 어떻게 되는지, 또 그 체계 속에 소방관의 역할은 무엇인지 궁금합니다.

김상철 최근의 재난은 복합적이면서도 여러 기관의 협업이 요구되는 양상을 보입니다. 재난의 대응체계는 예방, 대비, 대응, 복구의 4단계 시스템으로 구분되는데 소방의 영역은 모든 분야에 해당된다고 할 수 있겠습니다. 예방분야는 건축물에 설치된 소방시설의 유지관리와 화재위험요인을 사전제거하는 업무를 담당하고 대비분야는 유사시 출동할 수 있는 장비와 물자 등을 비축하고 신속하게 조달할 수 있도록 합니다. 이를 위해 유관기관인 시청, 경찰, 군부대 등과의 협력시스템 점검과 출동시스템을 사전 조율하는 업무를 담당하고 있습니다. 대응분야는 재난재해현장의 특성에 맞는 인력과 장비를 출동시켜 생명과 재산을 지키는 역할을 하는 것으로 소방서장이 긴급구조통제관의 역할을 담당하는 총괄통제관으로서의 지위와 역할을 담당하도록 되어 있습니다. 복구분야에 있어서는 일상생활 속으로 빠른 복귀를 위하여 소방시설의 설치와 의료적인 서비스 등을 지원하는 역할을 하고 있습니다.

소방은 화재진압, 붕괴, 비상대피 등 모든 최악의 상황에서 인명안전을 위한 비상대비 및 재난대응을 완벽하게 수행할 수 있는 국가조직이라고 할 수 있죠.

이원희 앞서 설명한 것들을 종합해보면, 소방관은 재난으로부터 국민을 안전하게 보호할 수 있는 역할도 한다는 거네요?

밀접한 관련이 있다고 볼 수 있죠. 소방에서 김상철

관리하는 안전관리 건물은 2019년 소방청 통계연보를 살펴보면 약 216만 개로 국민거주 및 생활공간에 대한 사용 및 유지관리 측면에서 관리하는 유일한 안전기관입니다. 화재진압, 붕괴, 비상대피 등 모든 최악의 상황에서 인명안전을 위한 비상대비 및 재난대응을 완벽하게 수행할 수 있는 국가조직이기도 하구요. 우리나라에서 재난현장의 다양한 경험과 노하우를 가지고 있는 뛰어난 재난전문가가 소방관 말고 누가 있을까요? 매뉴얼을 뛰어넘는 창조적 리더십을 발휘하는 소방관들에게 일원화된 지휘체계를 갖추어 주어야 합니다.

이원희 그렇군요. 이왕 재난 얘기가 나왔으니 말인데, 미래 환경변화에 따른 복합재난이 발생했을 때 소방은 어떤 대책을 세우고 있나요?

최근 기후변화로 인한 집중호우, 돌발홍수, 김상철 도시침수, 지질재난(지진, 화산, 쓰나미 등)이 빈번하게 발생하고 있는데요. 기후변화로 인한 자연재난은 수많은 인명과 재산피해를 가져올 뿐만 아니라 국가 위기 상황으로 확산되고 있습니다. 또한, 사회가 도시화·산업화·고도화됨에 따라 인적재난의 규모와 발생유형이 대형화·복잡화·다양화되는 추세입니다. 따라서 미래 기후변화에 대비한 교육·훈련을 포함한 장기적으로는 복합재난을 대상으로 빅데이터 분석, 활용 전문 인력을 양성하는 체계를 갖추고 재난분야 데이터 품질관리 제도화 및 데이터 민간 활용제도 개선으로 '빅데이터 기반의 재난분석 예측'과 '현장업무에 즉시 적용이 가능한 과제 발굴'이 이뤄져야 합니다.

복합재난의 사례를 보면, 구미 불산사고(12. 9. 27.) 이후, 전국 주요 7개 국가산업단지 내에서 특수화학사고 대비 5개 관계부처 상호 간 협업을 통한 특수사고 사전 예방 및 대응체계 유지 필요, 관계부처 협업으로 재난예방 및 대응능력을 향상시키고, 화학사고 예방·대비·대응·복구 기능의 통합적 업무수행, 관계부처 협업을 통한 신속한 현장 화학사고 대응 전문팀을 전국 7개 지역(시흥, 익산, 구미, 서산, 여수, 울산, 충주119화학구조센터)에 설치했습니다. 물론 119소방을 중심으로 운영 중이며, 앞으로도 화학사고, 항공기 사고 등 모든 재난유형에 국가적 대응활동이 계속 필요할 것입니다.

　재난 유형이 복합적으로 변하면서 통합적 모델도 개발되고 있는데요. 모델마다 데이터, 인터페이스, 구성요소 정의, S/W구조, 운영체제, 컴퓨터 플랫폼, 프로그래밍 언어도 다르고, 해상도 또한 제각각입니다. 모델의 소유권이나 사용권한 제한도 통합을 어렵게 하지만, 그렇기 때문에 소방정책도 재난유형을 끊임없이 파악하여 재난 피해가 다른 사회 인프라로 확산하는 것을 방지할 수 있지 않을까 싶습니다. 발전을 위해서는 과학적인 재난통합 모델 개발의 필요성이 나날이 높아지고 있는데요. 재난 예측 모델을 통합하는데 전략과 기술이 절실하다고 할 수 있습니다.

이원희 앞서 재난통합모델 개발의 필요성을 강조하셨는데, 그렇다면 소방에서는 재난 유형이나 재난대응 실패사례 등을 수집하는 학습 축척을 하고 있나요?

　우리는 항상 대형 참사나 각종 재난이 발생했을 시 재난대응 문제점과 교훈을 배우고 대 **김상철**

책을 수립합니다. 그리고 매번 선진국의 사례를 통해서 시스템이나 국가의 전반적인 재난체계를 다시 재점검하거나 전문가를 양성해야 한다고 합니다.

일례로, 미국에서 재난대응체계의 중심에는 FEMA(Federal Emergency Management Agency: 연방재난관리청)가 있는데요. FEMA는 1979년에 창설된 것으로 재난과 관련된 많은 책임기관들을 대통령 직할기관으로 통합했으며, 본부 내 6개부서(대비대응복구국, 연방소방국, 정보기술서비스국, 연방보험완화국, 대외협력국, 행정지원계획국)를 두고 10개 지역에 지역사무소를 두어 전 국토를 관리하고 있습니다. 국가적 재난에 직면했을 때 28개 연방정부 기구는 물론 적십자사 같은 민간 구호기관을 통제하지만, 정부기구나 민간단체를 지휘한다기보다는 참가기관의 역할을 조정하고 주정부나 자치기구 차원을 넘어서는 재난 대응을 선도합니다.

FEMA의 조정역할을 뒷받침하는 것으로 먼저 IEMS(Integrated Emergency Management System:통합재난관리체제)의 네 가지 목표가 있는데, 첫 번째는 연방, 주, 지방, 부족 정부 간 완벽한 협력체제 촉진과 국가 공통 목적 달성을 위한 모든 단계 공공기관 간의 유연성 확보이며, 두 번째는 효과적인 재난관리대책의 실천, 세 번째는 재난관리계획의 주, 지방, 부족단위 정책 결정 및 운영체제로의 통합, 네 번째는 기존 재난관리 계획, 시스템, 능력을 기초로 한 모든 종류의 재난 적용확대입니다.

반면 우리나라는 연간 213만 건의 재난현장 활동 중 현장대응 실패사례의 공유, 피드백과 통계기반 구축이 어려워 실패로부터 교육을 얻을 수 없었습니다. 실패로부터 발전적 학습내용을 기술적·조직적·재정적으로 통계를 기반화 함으로써 조직의 학습구조 활성화가 가능할 수 있는 것입니다. 세계경제 10위권의 경제대국이 되었지만, 국민의 생명을 지키는 재난안전 기술수준은 선진국의 절반수준 밖에 안 됩니다.

교수님의 말씀대로 재난안전 분야도 과학입니다. 체계적인 연구와 지속적인 신제품 개발로 대한민국의 재난안전 기술도 수출하는 비전을 가져야 합니다. 세월호 참사(2014.4), 제천 스포츠센터 화재(2017.12), 밀양세종병원 화재

(2018.1) 등 국제적으로 국가위상이 실추되었던 대형 인명피해사고를 기억하시죠? 후진국형 사고에서 벗어나 안전한 선진소방구현, 119소방과 함께라면 가능하지 않겠습니까?

이원희 선진 소방을 구현하기 위해서는 IT 선진국인 우리나라가 선진 재난통신 기술을 활용해야 할 텐데요. 이에 대한 소방의 전략은 뭔가요?

김상철 현재 우리 소방조직은 시대의 발전과 급격한 도시화로 인해서 2016년부터 인명 손실의 위험이 있는 대형화재현장에 소방 로봇을 투입하고 있습니다. 정보통신(IT), 나노기술(NT)을 접목한 소방분야 첨단 융합기술 개발과 선진소방 FINE-10 계획에 따르면 정부는 향후 10년의 선진 소방안전국가 건설을 위해 융합기술, 인프라, 미래 수요기술 등 3대 분야 10개 과제를 추진키로 했으며, 10개 과제에는 IT, NT와 기술융합을 통한 첨단기술 발전, 소방로봇 개발 활용, 소방안전기술의 정보화 · 지능화체계 구축, 친환경 소방안전기술 개발 등 R&D를 통한 소방 방재 정책이 진행되고 있습니다. IT 선진

국이지만, 재난현장은 시·도별과 기관별로 다원화된 통신체계를 사용하고 있어 신속한 의사소통이 불가능한 상황입니다. 하지만 무선 통신망 사용자는 소방이 90%이상을 차지하고 있기 때문에 소방조직체계를 잘 정비한다면 선진 재난 무선통신망을 구축하는 것도 그리 어려운 일이 아닐 것입니다. 보다 효율적이라고 볼 수 있죠.

이원희 선진 소방만큼 중요한 것이 응급의료체계일 것 같습니다. 국가 차원의 선진 응급의료체계란 무엇이고 소방은 어떻게 해야 하는지 답변부탁드립니다.

김상철 우리나라 응급의료체계는 병원 전 단계(pre-hospital phase)와 병원 단계(hospital phase), 통신체계(communication system)로 구분할 수 있습니다.

응급의료체계는 이러한 각 단계에서 필요한 구성요소를 조직하고 유기적으로 연결시키는 통합적인 체계를 말하는데, 이러한 응급의료체계는 현장에서의 신속하고 정확한 응급처치, 신속한 이송, 병원에서의 적합한 치료가 필수적입니다. 또한, 병원 전 단계에서는 응급환자에 대한 이송 및 병원 전 진료가 이루어지며, 병원 단계에서는 응급실 진료 및 입원 진료가 이루어지며, 통신체계는 응급환자에 대한 신고 접수, 구급차의 파견, 이송 중 통신 등을 의미합니다. 우리나라의 보건의료 및 인구·사회·경제적인 요인을 보면 향후 응급의료에 대한 욕구가 크게 증가할 것으로 전망되구요.

향후 주목할 인구학적인 변화는 전체 인구 중 노인인구의 비중이 커지는 노령화라고 할 수 있습니다. 2010년 65세 이상 노인인구는 전체인구의 11.0%이나, 평균 수명의 연장 및 출산율 감소로 2018년 14.3%로 고령사회에 진입하고, 2026년에는 20.8%로 본격적인 초고령사회에 도달할 것으로 전망됩니다. 응급의료체계의 핵심축인 병원 전 단계 업무는 119소방에서 담당하고 있습니다.

고령화 사회 진입과 의료기술의 발전은 단순 지역 내 119이송이 아니라 전문병원으로 EMS 헬기 이송 등 고품질 119서비스를 원하고 있습니다. 응급의료는 공공성이 강하고 국민의 생명과 직결되는 필수의료서비스(Essential Medical Service)라는 점에서 합리적이고 효율적인 응급의료체계가 구축되어야 합니다.

그동안 정부는 응급의료체계를 구축하기 위하여, 지금까지 응급의료 기금을 마련하고 응급센터에 대한 평가 등 많은 노력을 기울여 왔다고 평가하고 싶습니다. 이러한 정부의 노력은 예방 가능한 사망률을 감소시키는 등 가시적인 성과를 내고 있지만, 여전히 선진국에 비해서는 만족스럽지 못한 수준에 머무르고 있는데요. 따라서 합리적이고 효율적인 응급의료체계 구축을 위해서는 우선 응급의료 분야에서 그간 노출된 문제점을 개선하기 위한 법과 제도 개선과 함께 응급의료 부문의 투자를 적극 유인하기 위한 응급의료수가 개정, 응급의료 전문 인력의 양성 등 응급의료체계의 구축을 위한 기본환경 개선을 적극 추진해야 합니다.

이원희 선진 의료, 이쯤에서 마무리하고요. 이번에는 초고층 건물 화재에 대비한 소방대책이 뭐가 있는지 질문드립니다. 우리나라도 제한적인 지리적 여건 때문에 고층화가 빠르게 진행되고 있는 편이잖아요?

세계에서 6번째로 높고 아시아에서 3번째로 **김상철**
높으며, 대한민국에서는 국내 최초의 최고층 건물, 지상 123층, 높이 555m의 마천루가 지어졌습니다. 우리나라도 서울, 경기, 부산, 대구, 인천, 대전, 울산, 충남, 경남 등에서 100층 이상 초고층 건물들이 우후죽순으로 늘어가고 있는 실태이며, 전 세계 도처에서 수많은 복잡화, 대형화가 되어가는 초고층 건축물이 건설되고 있습니다. 초고층 건축물은 한 국가의 상징일 뿐만 아니라 문화의 총화라고 할 수 있습니다.

이러한 초고층 건축물이 화재가 일어난다면 국가적인 위상의 저하는 물론 국민의 생명 및 재산에 크나큰 영향을 미치게 되는데, 소방관의 출동은 의미가 없고 자체 시스템으로 화재진압을 해야 합니다. 초고층의 자체 진압력을 높이기 위해 우리나라에서는 성능위주설계와 사전재난영향성평가를 거치게 되어 있고, 이러한 과정에서는 과학적이고 기술적이면서도 사회적으로 접근해야 합니다.

초고층 건물 현황은 393개소(초고층건축물 : 층수 50층 이상 또는 높이 200미터 이상인 건축물[초고층재난관리법 제2조])인데요. 대형 인명피해가 우려되는 초고층 건축물에 대한 체계적인 안전관리를 위해 노력하고 있습니다.

이원희 5번째 주제의 마지막 질문이네요. 노인·장애인·어린이·저소득가정 등 취약계층을 위한 쉽고 빠른 안전정책, 소방에서는 어떤 대책을 마련하고 있나요?

이걸 먼저 말씀드리고 싶습니다. OECD에서 매년 발표하는 '더 나은 삶 지수(Better Life Index)'에 따르면, 우리 국민의 2012년 행복지수는 34개 회원국 중 24위에 그쳤습니다. UN의 「세계행복보고서」에서도 한국의 행복지수는 156개국 중 56위에 머물렀으며, 경제규모 세계 10위 수준의 나라에서 살고 있음에도 불구하 김상철고, 우리 국민은 그리 행복한 삶을 누리고 있지 못하다고 볼 수 있습니다.

제가 읽었던 홉스(Hobbes)의 국가론을 보면, "다양한 기본권을 주장하기 전에 개인의 생명과 재산을 지킬 수 있어야 하는데 국가(리바이어던, Leviathan)는 개개인을 무질서와 공포로부터 보호하여 다른 기본권을 지킬 수 있는 토대를 제공해 준다는 것입니다."라고 나옵니다. 그리고 로크(Locke)는 국가의 시민보호 책무를 인정하면서도, 국가 스스로가 국민들에게 위협의 대상이 될 수도 있음을 강조하면서, 안전권을 '국가로부터의 보호'로 해석하고 있습니다. 우리 소방에서도 재난취약자들의 경제적 상황을 고려하여, 획일적인 지원정책이 아닌, 장애인, 노인모자 가정, 요보호아동, 장애인 등 사회적 취약자에 적용되는 정책 수립을 통해 재난취약자의 취약성을 고려한 재난대응체계의 정책이 수립, 시행되고 있는데요. 독거노인을 위한 안심콜서비스, 장애인을 위한 119신고 다중화시스템 구축. 취약계층에 소방안전시설 배부 및 안전환경개선 사업 등이 그것입니다. 다만 지역별 재정여건과 관심도에 따라 노인, 장애인 등 재난취약계층에 대한 안전복지서비스 지원에 차등이 있었습니다. 국민 안전(체험)교육, 생활안전, 응급의료 상담 등 국가적 차원에서 취약계층에 대한 사회복지서비스의 품질을 높여 나가야 할 때입니다.

소방의 국가직화는 이러한 서비스의 품질을 전국적으로 유사한 수준으로 상향시키려는 의지를 가지고 있다고 볼 수 있습니다.

06

소방관에게 묻는다

이원희 생활 속에서 궁금했던 것들을 물어보는 시간이 될 것 같습니다. 첫 번째 질문입니다. 옆집에 불이 나서 손해를 입었을 때 보상받는 방법은 없나요?

김상철 이웃집에 불이 옮겨 붙으면 최초로 불이 난 곳의 소유자 또는 관리자가 주변의 모든 피해에 대해 손해배상 책임을 지도록 민법상에 규정이 있는데요. 이 때문에 화재를 일으킨 사람의 과실과 관계없이 보상받을 수 있습니다. 하지만 보상해 줄 만한 재산이 없는 경우도 있어서 안타까운 상황이 벌어지기도 합니다.

재해로 인한 피해를 입는 경우 소방서 및 관

련 행정기관에서는 생활안정자금이나 세금감면 등 구호제도를 운영하고 있습니다. 주변에 이러한 분들이 계시면 가까운 소방서나 행정기관에 문의하시면 도움을 받을 수 있을 것입니다.

이원희 그런 일이 생기면 안 되겠지만, 억울한 일을 당하셨다면 구호제도를 꼭 이용해보시기 바랍니다. 두 번째 질문입니다. 산행하다가 골절상을 당해서 소방헬기로 구조되었는데, 이때도 비용을 내야 하나요?

119신고를 해서 소방차가 출동하거나 교통사고 현장 등에 119구조대와 119구급차가 출동한 경우에는 어떠한 경우에도 비용을 받거나 벌금, 과태료를 부과 하는 일은 없습니다. 소방헬기 또한 마찬가지인데, 허위로 신고를 할 경우에는 소방기본법 등 관련법에 따라 200만원 이하의 과태료 처분을 받을 수 있습니다. 다만, 화재의 경우 화재원인에 따라서 업무상과실치사죄가 적용되면 벌금이 부과되는 경우가 있는데 그것 때문에 이런 말이 나오지 않았나 생각되네요. **김상철**

이원희 어떤 일이 있어도 허위 신고는 금물이라는 것 잊지 마시길 바랍니다. 세 번째 질문입니다. 우리 아파트에 소방점검을 실시한다는 안내문이 있는데요. 모든 건물이 소방훈련을 해야 되나요? 또, 소방점검 제도는 무엇인가요?

김상철 소방시설은 화재초기에 불을 끄거나 사람들이 대피할 수 있도록 화재발생을 알려주는 시설입니다. 소방시설은 기계이기 때문에 언제든지 고장이 발생할 수 있습니다. 그래서 소방시설이 항상 정상 작동하는지 확인하는 것이 소방점검제도입니다. 이러한 소방점검은 소방관이 하지 않습니다. 소방점검은 건물의 소방안전관리자, 그리고 소방서에 관련 자격증을 갖추고 등록한 소방점검업체에서 소방검사를 합니다.

 소방안전관리자는 특정 조건에 해당되는 모든 건물의 입구에 이름과 연락처를 적어 두고 있습니다. 건물주 또는 건물에 근무하는 사람으로서 자격을 갖춘 사람을 지정하고 있는데요. 정부의 통제가 아니라 시장에서 스스로 자율적으로 한다는 의미를 가지고 있습니다. 그래서 자체점검제도라는 명칭을 가지고 있습니다. 자기 책임의 원리와 자율적 안정관리를 통해 민간의 소방역량을 제고한다는 의미입니다.

물론 소방점검은 매달 하는 것은 아닙니다. 소방검사는 건물 규모에 따라 상반기 종합정밀점검, 하반기 작동기능점검 연 2회로 규정되어 있습니다. 적용 기준은 사용 승인일이 속하는 달에 검사하는 것을 원칙으로 합니다. 일정한 규모의 건축물을 소유한 경우에는 소방관계 법령에 따라 소방안전관리자를 선임하여야 합니다. 따라서 이러한 건축물은 소방훈련을 하여야 합니다. 소규모 건축물은 해당되지 않습니다. 소방훈련 및 교육은 연 1회 이상 실시하여야 하며, 소방서장이 화재예방을 위하여 필요하다고 인정하여 2회의 범위 안에서 추가로 실시할 것을 요청하는 경우에는 추가해야 합니다. 또한, 대형 건축물의 경우 소방서와 합동으로 훈련을 실시하게 할 수 있습니다. 다만, 학교 및 공공기관은 필수적으로 소방서와 합동으로 훈련을 실시하여야 합니다.

이원희 그렇군요. 네 번째 질문입니다. 영업장을 개업하려면 소방서를 거쳐야 한다는 데 사실인가요?

김상철 다중이용업이란 불특정 다수인이 이용하는 영업 중 화재 등 재난발생 시 생명·신체·재산상의 피해가 높을 것으로 우려되는 곳으로써 법령이 정하는 영업장을 말하는데요(휴게음식점, 제과점, 단란주점, 유흥주점, 목욕장, 일반음식점, 영화상영관, 비디오물 감상실, 비디오물 소극장, 복합영상물제공업, 학원, 게임제공업, 인터넷컴퓨터게임시설제공업, 복합유통게임제공업, 노래연습장, 산후조리원, 고시원, 권총사격장, 골프연습장, 안마시술소, 전화방, 화상대화방, 수면방, 콜라텍 등이 있습니다). 특정한 영업을 하고자 하는 관계인은 소방서장이 발행하는 소방시설 완비증명서를 첨부하여 영업허가관청(신고·등록)에 신청을 해야 합니다. 예방을 통한 국민의 생명 및 재산보호에 목적이 있으니까요. 이 제도는 1995년 11월 22일 일어난 부산광역시 중구 남포동 자이언트 노래방 화재를 (사망 8명, 부상 2명 등 10명의 인명피해와 재산피해 8천5백만 원이 발생) 계기로 도입되었습니다.

이원희 좋은 제도라고 할 수 있군요. 다섯 번째 질문입니다. 건물을 가지고 있는데 소방시설 자체점검부를 제출하라고 합니다. 어떤 제도인가요?

김상철 소방시설의 자체 점검이라 함은 특정소방대상물에 설치된 소방시설을 시설주 책임하에 소방안전관리자(소방안전관리자 미선임 대상인 경우 관계인) 또는 기술 자격자가 점검하는 것을 말합니다. 관계인에게 설치된 소방시설을 점검·유지·관리하도록 함으로써 자율적인 예방의식을 도모하고, 관 주도의 소방행정의 한계를 극복하여 화재 시 국민의 소중한 생명과 재산을 보호하기 위하여 1982년도에 도입되었습니다.

특정 소방대상물의 규모와 특성에 따라 작동기능점검은 연 1회 실시하여야 하며 종합정밀점검은 점검받은 달부터 6개월이 되는 달에 실시하도록 되어 있고 관계인은 자체 점검을 실시한 경우 30일 이내 점검실시 보고서를 소방본부장 또는 소방서장에게 제출하고 점검 결과를 2년간 자체 보관하여야 합니다.

이원희 여섯 번째 질문입니다. 세상이 편리해진 만큼 언제 어디서든 각종 민원서류 발급이 쉬워졌는데요. 소방도 민원업무가 다양한 것으로 아는데 절차는 어떻게 되나요?

김상철 일부 중앙부처나 학자분들이 '소방서가 무슨 민원업무가 있느냐 불이나 끄고 구조구급이나 잘하면 되지'라고 말씀하시는 경향이 있습니다. 그러나 건물을 신축하거나 증축, 개축하기 위해서는 소방서에 건축허가동의를 받아야 합니다. 모든 건축물에는 소방기본법에서 정한 소방시설을 설치해야만 허가나 준공을 받을 수 있습니다. 공장 등에서 유류를 취급하고자 할 때도 소방서의 위험물 허가를 받아야 하고, 학원이나 음식점 등 다중이 이용하는 업소를 하려면 사전에 소방서에 안전시설 이상 유무를 확인받아야 합니다.

이처럼 처리해야 하는 업무들이 많음에도 불구하고 이러한 인력을 충원해 주지 않고 있는 조직관련 중앙부처를 이해할 수가 없습니다. 물론 원스탑서비스(one stop service)를 제공하기 위해 노력하고 있습니다. 화재증명서, 구조·

구급증명서 등 각종 민원서류를 발급받으려고 일부러 해당 소방서에 가야 하는 번거로움이 많으셨죠? 소방서에 24시간 발급받을 수 있는 민원처리시스템이 설치되어 있으니까요. 가장 가까운 119안전센터나 소방서를 방문하시면 됩니다.

이원희 이원희의 인터뷰, 어느덧 마칠 시간입니다. 마지막으로 소방관을 꿈꾸는 분들이나 현재 후배들에게 하고 싶은 말이 있다면 해주세요.

김상철 먼저 소방이 어떤 뜻이 있는지 알아두면 좋을 것 같아요. 소방은 한자로 사라질 消, 막을 防자를 써요. 불을 끄고 재난을 막는다는 뜻으로 '소방 방재'를 줄인 말이죠. 한마디로 이야기하면, 화재 현장을 돌아다니며 불을 끄고 불이나 재해 등이 다시 일어나지 않도록 막는 일을 하는 공무원을 말합니다.

넓은 의미의 소방관에는 소방공무원 뿐만 아니라 대기업이나 공항 등에서 일하는 민간 화재대응팀도 포함돼요. 주로 화재를 예방하고 경계하며 화재 발생 시에는 화재를 진압하고,

다른 재해가 발생했을 때도 적극적으로 나서서 국민의 재산과 신체를 보호하고 있죠. 군인이나 경찰처럼 자신의 목숨을 걸고 국민들의 생명을 지키기 위해 헌신하는 사람들이 바로 소방관입니다. 그렇기 때문에 소방관은 육체적으로나 정신적으로 강한 사람만 될 수 있다는 편견을 깨고 싶어요.

소방관은 불쌍한 사람이라는 이미지도 개선해보고 싶고요. 각종 뉴스에서 소방관은 박봉에 시달리며 열악한 환경에서 힘들게 일하는 불쌍한 모습으로 비치고 있는 게 현실이잖아요. 물론 어려운 점도 있지만, 그 모습이 다는 아니에요. 소방관이야말로 사회에 봉사하며 급여도 받는 정말 좋은 직업이라고 생각하거든요. 그런 이면을 알려드리고 싶어요.

또, 일반적이고 진부하지만 저는 시대는 변했어도 그만큼 공직자로서의 품격과 소방관이란 타이틀에 맞게 인성·헌신적인 사명감이 그 누구보다도 높아야 한다고 생각해요. 세대 차이가 나지만 적성 검사를 면밀히 해야 할 필요도 있어요. 국민의 눈높이에 맞게 소방도 현실적으로 변해야 하는데 지금 들어오는 소방관들은 너무 주관적이고 이타심이 부족하다고 생각합니다. 모두를 고려할수는 없어도 앞으로 소방에 맞는 직업 윤리관 교육을 강화한다면, 지금보다 더 나은 소방관을 만들 수 있을 것입니다.

이원희 이 글을 보면서 많은 분들이 소방 그리고 소방관에 대해 알아가는 계기가 되었으면 좋겠네요. 독자 분들, 읽어주셔서 감사합니다. 소방관님도 좋은 말씀 감사해요.

네, 감사합니다. **김상철**

First in!   Last out!

'설마'는 자주 일어나지 않지만, 조건이 갖춰지면 반드시 한 번은 일어나는 데 위기영역에서 '설마'는 사람을 잡는다. 세상에서는 '설마'에 해당하는 사건이 생각보다 자주 일어난다. 대형사고가 터질 때마다 쏟아져 나온 자원봉사자들을 일사불란하게 활용하는 지휘체계도 없고, 언론인들의 취재 경쟁이 뜨거워 숨 가쁜 구조 현장이 난장판이 되는 상황이 자주 생기기도 한다.

2019년 10월 5일 저녁, 여의도 청명한 가을 밤하늘을 수놓을 불꽃축제가 열렸다. 6인승 고무보트 한 대가 소방관들의 제지를 뚫고 원효대교 북단의 발사대 근처까지 빠르게 잠입해 현장이 발칵 뒤집혔던 적이 있다. 화약이 뿜어져 나오는 발사대에 다가가는 건 목숨을 건 행위였다. 소방관들은 발사대 옆에 숨은 이 보트를 찾느라 식은땀을 흘렸고, 행사는 지연됐다.

Chapter 2.

김상철 소방관이 겪은 현장 이야기

현장에서 길을 묻다
김상철 소방관이 겪은 대형 참사와 현장, 그 생생한 이야기 속으로!

실제 상황 속 김상철 소방관이 마주한 현실은?

"가까이서 보려고 그랬어요!" 결국 붙잡힌 두 남성의 항변에 소방관들은 맥이 탁 풀렸다. 지난해까지 한강대교 아래 둔치 끝자락에서 술판을 벌였던 노인들도 그랬다. 이끼가 잔뜩 낀 돌무더기 때문에 미끄러운 그곳에서 사고는 시간문제였다. 소방관들은 "어르신들, 제발 좀 나와 주세요."라며 몇 번이나 주의시켰지만, 노인들은 그런 소방관들을 오히려 나무라며 말했다. "야, 내가 여기서 100번 넘게 술 마셨다. 아무 문제없어!" 그 후, 결국 취한 노인 한 명이 발을 헛디뎌 강물에 빠졌는데 혼수상태에 빠지는 일이 발생했다. 사고가 난 곳은 말뚝이 박혀 지금은 출입이 금지된 상태다. 구조된 사람들은 한결같이 "내가 이런 일을 겪을 줄 몰랐다."는 식으로 말하곤 하는데, 한 소방관이 "100번 아무 일 없었다가 101번째 갑자기 일어나는 게 사고입니다."라고 말한 것처럼 사고는 순식간에 일어난다.

01

삼풍백화점 참사

화재 현장에 출동했던 구조대원들은 또 하나의 끔찍한 그림을 기억의 창고에 들여놓았을 것이다. 자욱한 연기 속에서 서서히 윤곽이 드러나는 주검들, 몇십 명씩 뒤엉켜 있던 시신들, 숨을 조여 오는 유독가스를 막으려 얼굴을 가린 티셔츠들… 구조대원들은 자비심 없이 흘러가버린 그 몇 분의 시간을 원망하며, 자신의 손길이 건져내지 못한 생명들의 마지막 표정을 오래 잊지 못한다. 나는 92년 소방공무원 시험에 합격하여 종로소방서 119구조대를 거쳐 중부소방서 119구조대 근무 당시에 많은 대형 참사를 직접 경험했다. 그 중 대표적인 참사가 성수대교 붕괴사고와 삼풍백화점 참사였다. 아직도 그날의 기억이 생생하다.

1995년 6월 29일 목요일 오후 4시경부터 삼풍백화점은 위태로웠다. 4층의 천장이 서서히 가라앉기 시작한 것이다. 이때 직원들은 고

객의 4층 출입을 통제했지만, 붕괴 52분 전까지도 백화점 안의 모든 인원을 통솔하지 않았다. 그곳은 여전히 시끌벅적했으며, 관리자들은 4층 출입 통제 이외의 어떤 조치도 하지 않았다.

붕괴 7분 전, 건물이 무너지는 소리가 들렸다. 오후 5시 50분경 건물에 비상벨이 울리자 그때서야 직원들과 고객들이 건물 밖으로 대피하기 시작했다고 한다.

오후 5시 57분, 지상 5층 지하 4층의 커다란 백화점 건물은 불과 20여 초 만에 무너지고 말았다. 곧 먼지가 걷히고 붕괴 현장이 모습을 드러냈다. 서울의 번영을 상징하던 건물이 순식간에 철근과 콘크리트 더미로 변한 것이다.

　잔해에서는 연기와 먼지가 일어났고 1,500명의 사람이 그 밑에 깔려있었는데, 소방관과 경찰이 출동하여 사상자와 부상자를 끌어내기 시작했다. 한국에서 평시에 발생한 사건 중 단연 최대 규모였다. (지금까지도…) 한국의 모든 방송사에서는 이 현장에 대해 취재하기 시작했고, 사상자의 수는 굳이 말할 필요도 없이 엄청나게 늘어나고 있었다. 소식을 들은 가족들은 혹시나 생존했을지도 모를 자신의 가족을 찾아 헤매기 시작했고, 현장은 극심한 혼란에 빠졌다.

　1천여 명의 구조요원과 자원봉사자들, 그리고 30여 대의 크레인이 동원된 대규모 구조작전이 시작되었다. 조심스럽게 잔해를 들어

내며 다음날 새벽까지 200여 명이 넘는 생존자를 구조하였으나 현장상황이 좋지 않아 철수를 결정할 수밖에 없었다. 무너질 듯한 북쪽 벽을 비롯한 위험요소가 너무 많았기 때문이다.

얼마 후 실종자의 가족들이 도로 점거에 나서며 수색재개를 요구했는데, 사고 3일째가 돼서야 북쪽 벽을 고정한 후에야 구조작전을 개시하기에 이른다. 우리 중부구조대는 2팀으로 나누어 매일(24시간)을 돌아가면서 수색과 구조 활동을 이어갔다. 극도의 피로와 콘크리트 분진, 시신 썩는 냄새, 부패된 음식물 등 모든 것이 악조건이었던 그 속에서 구조활동을 할 수밖에 없었기 때문에 그야말로 전쟁터가 따로 없었던 것 같다. 지옥이 있다면 이곳을 뜻하는 게 아닐까 싶을 정도였으니까. 정말 눈을 뜨고 볼 수 없을 정도로 처참한 아비규환의 참상 속에서 콘크리트 더미에 산 채로 묻힌 생존자들을 구해내려고 발버둥 쳤지만, 결코 쉬운 일이 아니었다.

수색 1시간 후, 다른 팀에서 한 젊은 여성을 구조했지만 극심한 탈수증상과 출혈을 일으켰고, 그날 저녁 사망하기에 이른다. 게다가 시간이 지날수록 짓눌린 시신들만 발견될 뿐 생존자를 찾는 데 어려움이 생기자 구조당국은 더 이상의 가능성이 없다는 판단을 내렸다. 섭씨 30도 이상에서는 물 없이 3일 이상 생존하는 게 불가능했기 때문이었다.

우리 팀은 언제 2차 붕괴가 일어날지 모르는 상황에서 두려움과 죽음의 공포와 맞서 싸웠다. 긴박함에 등골이 오싹했던 적이 한두 번이 아니었다. 어쨌든 생존 가능성이 없다는 판단 이후 중장비들이 대거 투입되었다. 구조 활동 중심에서 잔해를 치우며 시신을 찾는 데만 주력하게 된 것이다.

무의미한 시간이 계속되고 있을 때 생존자를 발견했던 이야기를 하고자 한다. 그날도 여느 때처럼 새벽 수색을 하고 있었다. 지하에서 시신을 수습할 때 신체 일부분을 수거하는데 그것을 매일 하다 보니 이게 동물인지 사람인지 구분조차 안 되는 상태였다. 어쨌든 그렇게 컴컴한 암흑 속에서 랜턴하나로 곳곳을 비추면서 다니는데 저쪽에서 미세한 소리가 나는 것이 아닌가. 팀원들과 조용히 소리가 나는 쪽으로 다가가자 소리는 점점 더 확연히 들려왔다. "거기 사람 있으면 소리 한번 질러 보세요!" 콘크리트 더미로 올라가서 소리를 지르자 미세하지만 분명 살아있는 사람의 목소리가 들려왔다. 생존자였다.

어떻게 하면 생존자를 무사히 구조할 수 있을까. 우리 팀은 작전을 세우고 구조 활동에 집중했다. 하지만 잔해물이 겹겹이 쌓여 있어서 공간 확보가 어려울뿐더러 생존자 주변에는 날카로운 철근과 시신이 널브러져 있어 난항을 겪었다. 게다가 겨우 한 사람만이 들어갈 수 있는 공간밖에 없다는 게 최악이었다.

그야말로 목숨을 건 사투가 아닐 수 없었다. 장비도 열악했지만, 중요한 건 나 스스로의 두려움이었다. 자칫 잘못하다 콘크리트 더미 속으로 떨어지면 즉사였다. 어찌 두려움이 안 생길 수 있겠는가. 등골에 땀이 주룩주룩 흐르는 것이 느껴졌다. 하지만 나는 생존자들을 구하지 않으면 안 되는 사람이었다. 그래서 조심조심 유압장비와 생수, 수건, 각종 연장을 뒤에서 전달받으면서 작업을 이어나갔다. 하지만 1시간에 30cm 정도를 작업할 정도로 어렵고 불가능한 일을 이어나가는 것은 어려웠다. 생존자 앞에 시신이 있는 것도 무시할 수 없는 일이었기 때문이다. 그걸 어떻게 작업을 하느냐가 관건이었는데 결국엔 17시간을 작업하고 나서야 여성 생존자를 구조할 수 있었다. 구조 후 기진맥진한 상태에서 나는 응급실까지 가야 했다.

삼풍백화점에서 구조작업을 했던 그 한 달 동안 나는 인간의 처참함과 비참함, 민낯을 너무나도 많이 봐야만 했다. 대표적인 것이 지하 주차장에 있는 슈퍼마켓 현금지급기, 자동차들의 유리창이 모두 깨져 있었던 일이다(사고 발생 초기, 백화점의 고가 상품과 현금, 주차장의 고급 차량 오디오, 등 도난 사고가 발생하였다). 또한, 장비를 가지고 왔다는 사람들도 배낭을 열어보면 구조장비가 아니라 백화점 잔해를 뒤져 훔친 고가 옷이 들어있는 경우도 있었다. 심지어 시신의 손가락에 낀 반지를 빼가기 위해 손가락을 자르는 등의 행위를 하는 일도 있었다. 이렇게 말 할 수 없는 우리 사회의 여러 단면을 보면서 "모든 죽음은 사회적 죽음이며 모든 재난은 저돌적인 발전국가의 구조적 파탄과 직결되어 있다"라는 생각이 들었다. 수없이 반복된 재난의 연속 화면들, 흡사 소재만 바뀐 채 숱하게 되풀이되는 고통의 변주들이 너무도 강렬하고 참담하여, 원인 파악과 대책 마련이라는 식의 표현조차 하나의 행정적 알리바이로 전락해 버렸기 때문이다.

삼풍백화점 백서를 살펴보면, 이 사건으로 인해 총 937명의 부상자가 발생했고 502명의 사망자가 발생했다고 한다. 당시 원인은 부실 공사로 판명되었는데 현대식 강화 콘크리트로 건축되어 6년간이나 아무 문제가 없던 건물이 왜 붕괴하였는지에 대해 의문을 가지지 않을 수 없다. 삼풍백화점은 어떻게 부실공사를 했길래 무너진 것일까? 콘크리트를 비롯한 자재를 싸구려로 사용했기 때문에 붕괴된 것일까? 초현대식 공법으로 건설한 건축물이 과연 싸구려 자재로 인해 무너진 것이 맞을까?

전문가들이 당시 현장의 콘크리트를 살펴본 결과에 따르면 삼풍백화점의 콘크리트 벽면에는 구멍이 많이 나 있었다고 한다. 콘크리트에 물을 너무 많이 섞으면 이런 현상이 발생한다고 하는데, 잔해를 채취해 연구소에서 강도테스트를 했을 땐 콘크리트 자체에는 아무 이상이 없었다. 나중에 밝혀진 합동조사단의 조사결과에 따르면 삼풍백화점의 사고 원인은 불법 용도변경과 부실공사 그리고 설계하중을 초과하는 무리한 설비들의 설치 등이었다고 한다.

아무리 잊으려 애를 써도 어제 일처럼 또렷하기만 한 기억이 있다. 조각난 시신들과 콘크리트 더미에 깔린 주검들이 널린 암흑 속에서 귀를 째고 들어오던 가냘픈 음성, "제발 버리고 가지 마세요." 그 소리에 끌려 철수 명령도 어기고 구조작업을 강행했던 95년 초여름의 삼풍백화점 붕괴 현장. 하루 만에 체력이 소진돼 다음 날 링거주사를 맞고 또 현장으로 향하던 그때, 한 달 만에 집에 들어가면서 몸에 밴 냄새를 씻기 위해 몇 군데의 목욕탕을 들렀는지 모른다.

"시간이 지났으니 이제 좀 말할 수 있겠네요. 사실 그 뒤로 한 번도 그 이야기를 꺼내지 않았어요. 구조대원들 사이에서도 별로 이야기하고 싶지도 않고, 생각하기도 싫고, 여하튼 그랬어요. 기억하기가 싫으니까…. '우리한테 95년 6월은 없다'고들 합니다."

지금도 먼 곳에서 일어난 사고 소식을 들을 때나 출동지령이 떨어질 때마다 먼저 떠오르는 생각은 현장에 있을 사람들의 고통이다. 이 정도 사고면 몇 사람이 다치고 몇 사람이 죽고 몇 사람이 아직 신음

하고 있겠다는 게 눈에 보인다. 서울 대형빌딩에서 재난훈련시범을 보고 군 장성, 행정관료, 정치인들도 혀를 내둘렀다는 '15초 만의 출동'도 나에게는 자랑거리가 아니다.

불길에 휩싸인 건물을 구경하는 심정이야 호기심과 측은지심을 적당히 뒤섞어놓은 것이겠지만, 그곳으로 뛰어들어야 하는 사람의 심정은 어떨까. 공포심 같은 건 느낄 겨를이 없다. 본능처럼 뛰어들 뿐이다. 일을 끝낸 뒤에야 '내가 어떻게 저런 일을 했나.' 싶을 땐 문득 섬뜩하고 무섭다. 그런 용기는 어디에서 나오는 것일까?

26년 만에 풀어놓은 삼풍 사고의 기억 속에는 직접 구조한 여성 생존자가 있다. 매몰된 지 250여 시간 만에 구조된 기적의 생명, 그를 지하에서 끌어올린 게 필자 본인이었다. 목만 겨우 들이밀 정도의 구멍을 뚫고 여성 생존자와 처음 대면했을 때, 나는 "걱정마세요! 저 구조대원입니다. 구하러 왔습니다." 수건에다 물을 적셔 주고 계속 말을 시키며, "살아야 합니다."라고 외쳤다. 두려움과 공포 따위가 다 무엇인가. 아직도 묵직하게 올라오던 그 뜨거운 감정의 눈물을 잊을 수가 없다.

살아 있다는 그 자체가 눈물 나도록 고마웠다. 대원들에게 희망을 줬으니까. 여성 생존자를 구해내는 그 순간만큼은 주위의 썩은 주검이 얼굴에 와 닿건 말건 잠시나마 두려움을 이겨낼 수 있었던 것 같다.

02

삼일아파트 인질 사건

　복도식에 아주 낡고 허름한 아파트, 삼일아파트는 그런 모습이었다. 신고를 받고 현장에 도착하니 경찰과 인질범이 대치하고 있었다. LPG 가스통을 들고 칼과 라이터로 인질을 위협하는 채로 말이다. 인질범은 극도의 흥분 상태여서 설득이나 협상이 안 될 것 같았다. 더욱이 경찰의 미온적 태도는 이 상황을 해결하는 데 아무런 도움이 되지 않았다. 구조대는 회의를 거쳐 군대에서 배운 대테러 전술을 이용하기로 했다. 꼼꼼히 장비를 무장한 후 동료와 함께 레펠을 타고 현장에 진입하는 데 성공했다. 인질범 진압은 물론이고, 인질로 잡힌 여자도 무사히 구출할 수 있었다. 말이 쉽지, 이런 사건은 지금껏 단 한 번도 없었다. 소방이 할 수 있는 권한에서도 한참이나 벗어난 업무였기 때문이다.
　하지만 인명을 구하는 일이 최우선이었기 때문에 나중 일은 나중에 생각하기로 했다. 예상한 대로 복귀 후 보고하는 과정에서 상관에게 엄한 주의를 받았다. 말 그대로 월권행위였기 때문이다. 경찰이 해야 될 일이 있고, 소방이 해야 될 일이 있다는 건데 우리 구조대는 그때 당시 그 상황을 지켜만 보고 있을 수만은 없었다.

며칠 후 성동 경찰서에서 공문을 보내왔는데, 해당 구조대원한테 표창장을 상신하겠다고 공식적으로 연락이 왔다. 현재까지 이런 사건으로 표창을 받은 사람은 아마 내가 유일할 것이다. 그날은 정말 가슴 뿌듯하고 벅차오르고 보람을 느끼는 그런 날이었다. 지금 생각하면 특전사에서 익힌 전술과 고도의 특수훈련(레인저 기술, 생존탈출, 스쿠버, 정보작전, 통신 등) 덕분에 구조대에서 많은 도움과 지식을 쌓을 수 있었던 것 같다.

90년대 초반은 왜 그렇게 서울에서 화재와 사고가 끊임없이 일어났는지 모르겠다. 고달픈 하루를 술로 달래며 반복되는 화재와의 전쟁을 겪었던 시절이었다. '내가 전생에 무슨 죄가 있어서 그걸 갚느라 구조대에 들어왔나.' 하는 생각이 들 만큼 남의 생명을 구한다는 게 평생 한 번 하기도 힘든 일인데 그게 직업인 사람들은 이걸 뭐라고 설명해야 할까?

이젠 구조대 일이 천직이라기보다 생활이라고 말한다. 먹고 살기 위해서 월급을 받는다는 게 생소할 때도 있다. 지금도 위험수당 6만 원의 삶이 책임감이라든가 보람이라는 말로 버텨지는 건 아니지만 인간의 생명에 대한 순수한 열정, 그게 없이는 힘들다. 목숨을 구할 가능성이 없어 보이는 사람일지라도 "사망진단은 의사가 하는 것"이라며 위험을 감수하고 구조 활동하는 사람은 드물지 않은가.

뼛조각 하나하나, 흩어진 시신 하나하나를 주워 담던 삼풍 사고 때가 생각난다. 장의사협회 같은 관련 업체에서조차도 손을 저으며 수습하지 못하겠다 내빼던 걸 우리 구조대원이 다 수습했었다. 이해도 간다. 어느 누가 한 달 동안 썩어서 냄새나는 뼈와 살을 저렇게 순수한 마음으로 주워 담을 수 있겠나….

소방은 단순히 불을 끄는 작업이나 활동이 아니라 사람의 생명을 구하는 엄숙한 사명을 실행하는 직업이다.

03

목숨을 잃을 뻔한 두 건의 화재 사고

90년대 초 새벽 시간 모텔 화재현장, 모텔 창문에서 검은 연기와 불길이 나오고 있었다. 우리는 신속히 공기호흡기를 장착하고 조별로 나누어서 들어갔다.

인명구조가 우선이었다. 방마다 열고 빨리 나오라고 소리치는데 한 곳에서 침대에 누워 일어나질 못하고 있던 여자가 보였다. 신속히 보조호흡기를 씌워주고 들어서 나왔는데 빠른 구조 덕에 병원 이송 후 살 수 있었다고 한다. 조금만 늦었어도 연기 질식으로 사망했을 거라는 얘기를 구급대원으로부터 나중에 들을 수 있었다.

그때부터 늘 직장생활의 위험함을 상기한다. 보통 사람이 위험하다고 여기는 게 나에겐 기본이며 특전사에서 5년, 구조대, 화재진압, 행정직에서 35년을 지낸 내가 위험하다고 느끼는 순간이 온다면 그건 이미 가망이 없다고 본다.

내가 목숨을 잃을 뻔한 사건이 또 하나 있다. 청량리 경동시장 한약재 지하창고 화재현장에서 있었던 일이다. 곳곳에 한약재가 쌓여 있고, 목조건축물이었기 때문에 방향을 읽을만한 구조가 전혀 없었다. 더구나 짙은 연기가 모든 빛을 삼켜버린 탓에 시야 확보도 어려운 상황이었다. 나는 소방호스를 들고 지하로 하염없이 내려갔다. 불이 타오르고 있었고, 소방호스는 엉켜있는 상태였다. 얼마나 시간이 흘렀을까? 산소가 떨어지고 있었다. '빨리 나가지 않으면 나는 죽는다.' 들어온 출구로 다시 나가야 했다. 하지만 연기와 아직 진압하지 못한 불 때문에 아무것도 보이지 않았다. 나를 구조할 인력 따위는 없었다. 그때 정신이 번쩍 들며 기필코 살아야 한다는 생각이 들었다. 가지고 온 수관을 붙들고 역으로 조금씩 천천히 발을 내딛기 시작했다. 하도 많은 수관이 엉켜있어서 잘못 잡으면 꼼짝없이 죽는 거였다.

군대에서 익힌 낮은 포복으로 겨우 기어 나온 후 기절을 해버렸다. 깨어나니 병원이었는데 그 순간 살았다는 안도감에 너무나 감사했다.

출동 현장은 항상 삶과 죽음의 경계선, 그 사선에 서 있다. 사람은 '요구조자(要救助者)'일 수도, 구조자인 소방대원들일 수도, 내 자신일 수도 있다. 그 사선은 매우 모호하며 자욱한 연기에 가려, 과연 어느 쪽에 더 들어와 있는지 알 수가 없다. 그게 명확해지는 건 순간, 찰나다.

나는 삶과 죽음의 정의마저 "찰나, 순간이죠"라고 말한다. 대원들이 부상을 무릅쓰고 숨이 멎은 사람을 구조해 인공호흡으로 살려냈는데 병원으로 실려 가는 길에 숨지기도 한다. 바로 옆에서 구조작업을 하던 동료가 돌아보면 없는 때도 있다. 다치고 깔리고 묻히고…. 그래서 미리 죽음을 상상하지 않기로 했다. 그 에너지를 차라리 지금의 순간, 삶과 죽음의 사선에서 '순간'에 쏟아붓는 게 훨씬 낫기 때문이다.

04

기억하고 싶지 않은 홍제동 화재참사

2001년 3월 4일 새벽 4시, 그저 평범한 일상이었던 3월의 어느 하루가 내게는 이 주황색 제복을 벗고 난 이후의 삶에서도 평생 잊힐 수 없는 날이었던 것 같다. 그날을 회상하자니 뇌리에 남아있는 사고 현장이 생생하게 그려져 아직도 온몸이 파르르 떨린다. 긴 한숨으로 얼룩진, 그날의 억만 겁 같았던 몇 시간을 조심스레 꺼내본다.

당시 마포소방서 119구조대에 근무할 때였다. 새벽에 출동 벨소리가 울렸다. 홍제동 연립빌라, 출동 지역은 우리 마포 관내가 아니고 서부소방서(현 은평소방서) 관할 지역이었고, 더군다나 인명구조를 해야 할 대상이 시민이 아니라 소방관이라는 무전에 섬뜩함이 느껴졌다. 선발대가 구조작업을 하고 있을 텐데 거기에는 친구이자 군 동기인 장석찬 대원이 있기 때문이었다. 같은 동네에 살았고, 같은 학교에 다녔던 친구이자 우연히 군대까지 같이 가게 된 친구였다.

[그림 1] 군 생활 독신자 숙소에서 장석찬(오른쪽), 김상철(왼쪽)

 신속히 도착해야겠다는 마음이 굴뚝같았다. 그렇게 홍제동 현장에 도착했지만, 밀집 주택가인데다 폭 6m 남짓한 좁은 도로에는 주차 공간이 부족했던 주민들이 세워 둔 차들이 길을 막고 있었다(골목에 있는 연립건물 화재는 소방차량이 진입하기조차 힘든 구조다. 더욱이 불법주차가 즐비하다면 진입은 더 어려워진다). 어쩔 수 없이 동네 새마을 금고 앞에 구조대 차량을 세운 우리 구조대는 파괴 장비와 25kg이 넘는 개인장비를 짊어진 채 160m가량을 달려서 벽돌집 앞에 도착했다.
 현장은 아수라장 그 자체였다. 2층 다가구 주택이 순식간에 무너져 내려앉아 있었던 것이다. 나를 비롯한 우리 소방대원들은 친구와 동료들을 구하기 위해 혼신의 힘을 다해서 구조작업을 시작하였다. 그렇게 얼마의 시간이 흘렀을까, 마지막 거실과 부엌 쪽의 잔해물들을 들어내며 서서히 공간을 확보해 내부로 진입할 수 있었다. 무너진 건물더미에서 친구가 바닥에 주먹을 꼭 쥔 채 아무 소리 없이 누워있는 모습이 보였다. 나는 신속히 친구를 껴안고 밖으로 나와서 심폐소생술을 시작했다. 구급대원에게 인계하고 나서는 그만 그 자리에 푹 주저앉을 수밖에 없었다. 그냥 모든 것이 원망스럽고 화가 났다. 진눈깨비가 내리는 하늘을 올려다보며 마음은 더 답답해졌다.

　다른 팀과 교대 후 대충 샤워를 하다가 그제야 다친 것을 발견했다. 왼손 중지 손톱이 빠지는 바람에 손에서 피가 나고 있었는데, 친구 때문에 정신을 몰두하다 보니 다친 줄도 몰랐던 것이다.

　대충 응급처치 후 친구가 이송된 삼성강북병원으로 달려갔지만, 이미 친구는 사망한 상태였다. 너무 먹먹함에 눈물조차 흐르지 않았다. 하지만 슬퍼만 하고 있을 수는 없었다. 친구의 가족들에게 죽음을 알리고 장례 절차를 준비해야 했기 때문이다.

　서울 홍제동 주택 화재 사고로 소방관 6명이 순직하고 3명이 부상을 입었다. 당시 서울소방 자체가 패닉이었던 것이 소방관이 한꺼번에 6명이나 순직한 선례가 없었기 때문일 것이다(현재까지도 이런 일은 없었다).

[그림 2] 천리행군에서 장석찬(윗줄 오른쪽에서 두 번째), 김상철(윗줄 맨 오른쪽)

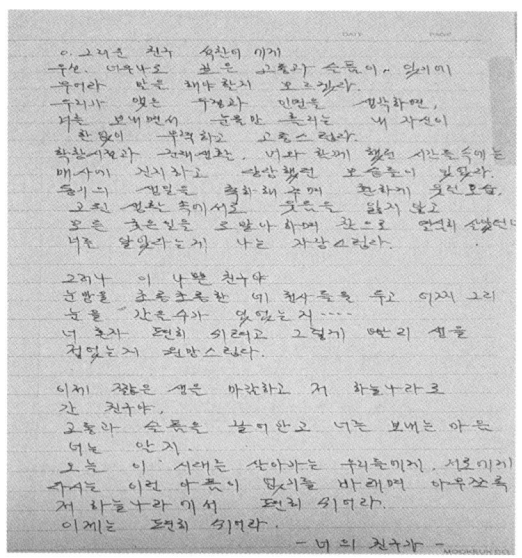

[그림 3] 대전 국립현충원을 다녀와서 장석찬 친구에게 쓴 편지

출처: 시사오늘(시사ON)(http://www.sisaon.co.kr).

[그림 4] 2001년 홍제동 화재사고 순직 소방관 6명의 추모 동판

출처: 시사오늘(시사ON)(http://www.sisaon.co.kr).

[그림 5] 2001년 홍제동 화재사고 순직 소방관 묘비석(대전 국립현충원)

주인집 아들로부터 이 화재는 시작됐다. 2001년 3월 4일 새벽 2시 반쯤, 술 취한 남성의 목소리가 곤히 잠든 홍제동의 낡은 주택가를 울렸다. 그 소리는 철근 기둥도 없이 벽돌과 블록으로 지었다가 다시 2층을 증축한, 34년 된 서대문구 홍제동의 빨간 벽돌집에서 흘러나오는 소리였다. "왜 나를 정신병원에 보냈느냐, 내가 정신병원에서 얼마나 맞았는지 아느냐." 분을 이기지 못한 아들 최모(당시 32세)씨가 집주인인 어머니 선모씨에게 날선 원망을 퍼부었다. 아들에게 얼굴과 몸을 맞아 피를 흘리던 선씨는 2층에 세 들어 살던 김씨 부부 집으로 몸을 피하였다고 한다. 당시 상황을 두고 김씨 부부는 "선씨와 아들이 또 싸우는구나 싶었다."고 회상한다. 조현병을 앓던 최씨가 어머니를 폭행한 일은 처음이 아니었던 것이다.

그런데 그날은 조금 달랐던 것 같다. 도망친 어머니를 찾지 못하자 격분한 최씨가 어머니 선씨의 방에 깔린 이불에 불을 지른 것이다. 이불에서 가재도구로, 그리고 온 집안으로, 목재로 된 건물이었던 탓에 낡은 집 곳곳으로 삽시간에 화염이 번져나갔다(다행히 어머니 선씨와 그를 받아줬던 김씨 부부는 무사히 집을 **빠져나올** 수 있었다).

지금부터는 당시 서부소방서 선착대로 도착해서 구조 활동을 했던 구조대 직원의 사실적 상황을 토대로 구성한 이야기이며, 후발대로 마포소방서에서 도착해 동시작업을 했던 내용도 담고 있다.

비슷한 시각, 서부소방서 지휘차량과 녹번1·2소대, 그리고 구조대는 모자의 불화가 있었던 홍제동이 아닌 은평구 녹번동 신고 현장으로 각각 달려가고 있었다. '아무래도 녹번동은 오인 신고일 것 같다.'는 의견이 오가던 오전 3시 48분, 출동하던 대원들에게 홍제동 화재 소식이 전달되었다.

이에 현장을 지휘하던 진압계장은 녹번으로, 1소대는 그대로 녹번동 현장으로 가서 화재 여부를 확인토록 했고 녹번 2소대를 비롯한 나머지는 홍제동 현장으로 보냈다.

최고조로 타오른 불길이 2층집을 휘감고 창문에선 화염과 연기가 뿜어져 나오고 있던 순간, 불이 난 집 앞에서는 어머니 선씨가 먼저 도착한 소방관들을 붙잡고 "아들이 건물 안에 있다."며 소리치고 있었다. 녹번 2소대는 불길을 잡기 위해 건물 내부로 들어갔다. 현장에 있던 대원들이 걸쳤던 것은 국제기준에 맞는 120만 원 상당의 방화복이 아닌 8만 원짜리 방수복이었는데, 진압 도중 뜨거워진 물이 튀었을 때 다치는 걸 방지하는 수준 정도였다.

한편, 현장 인명구조를 담당하는 구조대도 녹번 2소대와 거의 같은 시점에 현장에 도착했는데, 아들이 안에 있다는 말에 김기석 소방교, 장석찬·박준우 소방사가 곧바로 구조작업을 위해 안으로 진입했다. 그들이 벽돌집의 안방과 아들 방을 살피는 동안, 2조는 현관에 있던 도시가스 밸브를 차단하며 1차 수색을 했는데 아들 최씨는 집안에 없었다. 그런데 선씨가 "사람이 안에 있는데 왜 구하지 않느냐"고 소리쳤고 소대장과 1조는 다시 사방이 불꽃으로 뒤덮인 건물 안으로 다시 들어갈 수밖에 없었다. 그 순간, 건물이 순식간에 무너져 내렸다. 오전 4시 11분의 일이었다.

건물 붕괴 3분 전, 앞서 녹번동으로 가던 길에 갈라졌던 녹번 1소대는 '홍제동 현장으로 합류하라.'는 지시를 받고 방향을 틀었다. 도착한 시간은 4시 18분쯤이었다. 이미 건물이 무너져 내린 후였다. 녹번 2소대 소방관들은 동료를 구하기 위해 삽과 해머를 손에 들어야만 했다. 오전 3시 59분, 3번째로 현장에 도착한 연희소대도 골목길에 주차된 차량들에 막혀 진입할 수 없는 상황이었다. 화재 진입차량이 멈춘 곳과 현장까지의 거리는 150m가량, 연희소대 대원들은 굽은 골목과 차량을 피해서 물을 쏘기 위해 1개당 15m 남짓한 소방호스 12개를 이어 붙였다.

시간이 흐르고 불길은 더욱더 거세졌다. 가까스로 길다란 호스를 들고 물을 뿜던 중 건물은 무너져 내리고 말았다. 날아 온 담장 블록에 맞은 진압대원들이 쓰러졌지만, 곧 다시 일어나 앞서 잔해에 깔린 다른 진압대원들을 함께 구조하기 시작했다.

새벽 동이 트기 시작하면서 조금씩 공간이 생겼다. 마포소방서 구조대는 지체없이 겨우 사람 한 명 정도 들어갈 공간을 비집고 진입했고, 공기 호흡기를 있는 대로 틀어 공기 주입에 들어갔다. 그러자 시꺼먼 연기가 밀려 나오기 시작했다. 숨을 들이마시자 연기가 기관지를 통해 폐 안으로 들어왔다. 제대로 숨을 쉴 수조차 없었다. 안에 갇

혀서 이 연기를 마셨을 동료들을 생각하니 가슴이 미어졌다. 뜰 수 없는 눈에서는 눈물만 주르르 하염없이 흘러내렸다.

그렇지만 아랑곳할 여유가 없었다. 시야 확보는 불가능했기 때문에 손과 발을 이용해 여기저기 더듬어 갈 수밖에 없었다. 그때 매몰된 동료들의 손이 잡혔다. 누구인지는 알 길이 없었으나 그게 중요한 것은 아니었다. 오로지 빨리 구조해야 한다, 반드시 살려야 한다는 생각밖에 없었다.

같이 진입한 동료들과 함께 밖으로 한 명 한 명 구조를 시작했다. 호흡기 면체를 벗은 상태인 동료, 면체를 그대로 쓴 채 마지막 온기를 손길에 내어주며 쓰러져 있는 동료…. 공기 호흡기 면체를 벗었다는 건 살아있었다는 증거였으므로, 그것만으로도 반갑고 고마웠다. "살릴 수 있다, 살아있을 것이다."라는 자그마한 희망, 제발 그 희망의 불씨가 꺼지지 않길 간절히 바라며 그들을 구조했던 것 같다.

이날 구조한 동료들은 총 7명이었다. 그들은 곧장 근처 병원으로 분산 이송됐고, 현장에 남을 수밖에 없는 우리는 그들의 생사가 어떻게 됐는지 알지도 못한 채, 거주자가 매몰돼 있을 수 있다는 혹시 모를 상황을 대비해 마지막까지 수색을 계속 이어나갔다.

오전 5시 47분, 해가 뜨지도 않은 홍제동 하늘에 굵은 눈발이 날리기 시작했다. 영하 0.3도, 초속 4m의 서남풍에 습도 60% 흔한 꽃샘추위였지만 이날 홍제동에서 맞이한 아침 풍경은 어느 날보다 참혹했다. 마지막 대원이 싸늘하게 식은 채 들것에 실려 나온 시간은 오전 7시 57분, 구조작전은 오전 9시 28분에 종료되었다. 벽돌집 주인 아들 최씨가 불길이 치솟기 전 현장을 빠져나갔다는 사실이 뒤늦게 확인된 시점이기도 하였다.

이날의 처참한 화재는 나에게 가족보다 더 소중한 동료 6명을 앗아갔다. 태어나서 그렇게 많은 눈물을 한 곳에서 볼 수 있을까. 세상 어디에도 없을 강한 남자들, 몇백 도의 뜨거운 불길 속에서도 수많은 시민의 생명과 재산을 지켜낸, 용광로보다 더 뜨거운 열정을 가지고 살아온 남자들의 뜨거운 눈물이었다. 동료를 구하지 못했다는 죄스러움과 안타까움이 뒤섞인 눈물 자국은 굵은 땀방울과 함께 하나의 훈장이 되었다.
누구 하나 허리를 쉽게 펼 수 없던 그 날 이후, 몇몇 동료는 주황색 제복을 벗기도 했다(그래도 끝까지 해보겠노라고 불편한 몸으로 지금껏 현장을 누비며 활동하는 동료도 있다).

15년 전 그날 홍제동 사고는 우리 소방 역사상 가장 큰 재난이었다. 최씨는 경찰 조사 과정에서 "어머니에게 꾸중을 들은 뒤 홧김에 불을 질렀다"고 자백하였고, 현주건조물방화 및 상해 혐의로 구속기소됐다. 심신미약 등으로 징역 5년 형을 선고받긴 했지만 말이다.

이 사건 이후 많은 생각들이 머릿속에서 꼬리에 꼬리를 문다. 인생에 만약이라는 건 없지만, 만약 어머니 선씨가 아들이 집에 없다는 사실을 알았더라면, 붕괴 위험이 크다는 걸 미리 알았더라면, 녹번동 오인 신고가 없어서 더 많은 대원이 조기에 도착했더라면, 불법주차 차량이 적었더라면, 제대로 된 안전장비가 있었더라면…. 그런 절절한 아쉬움 말이다.

2001년 3월 6일 서울시청 뒷마당에서 영결식이 열렸다. 영결식에 참석한 한 소방관은 기자들을 향해 "법석을 떨다가 며칠만 지나면 언제 그랬냐는 듯이 잊어버리는 일이 이번에는 달라질까요?"라고 말했다. 정말 달라질 수 있을까.

필자는 보고픔과 그리움, 살리지 못한 죄스러움으로, 또 그들의 가족들에게 미안한 마음으로 매년 3월 4일이면 대전 국립현충원을 찾곤 한다. 그들의 묘비 앞에 앉아 쓰디쓴 소주잔을 올리고 '당신들의 몫까지 최선을 다하겠노라고' 다짐하며 돌아오는 편이다.

"현장에 있었던 사람이 아니면 절대로 못 느껴요. 한 다리만 걸치면 모든 게 와전되거든요. 도시가스 배관이 어떻다, 불꽃이 어떻다, 사고 후 현장에 있지도 않았던 사람들이 전부(잘잘못을 따지면서) 말들이 너무 많았어요. 그런데도 현장에서 다친 사람들은 아무 말도 못했어요. 다리가 골절되고 허리를 다쳤어도 순직한 동료들로 인해 현장에 있던 사람들은 나설 수가 없었던 거죠. 그랬던 그 순간들이 너무 안타까워서 이번 인터뷰에서는 직접 말하고 싶었습니다."

소방관은 하루에도 몇 번씩 생과 사를 왔다 갔다 한다. 교통사고,

기계사고, 붕괴 사고 등 구조 활동 중 많은 것을 보지만, 화재 현장은 아무것도 믿을 수가 없다. 어쩌면 더 위험할지도 모른다. 구조 대상자 위치를 모르면 중장비를 쓸 수도 없고, 건물 상태를 한 번에 파악할 수도 없고, 상황이 갑자기 어떻게 변할지 불확실한 게 너무 많기 때문이다.

[그림 6] 2001년 3월 4일 당시 구조현장과 마포소방서 119구조대 반장 김상철의 모습

우리 소방은 시민의 생명과 재산을 지키기 위해 죽음의 사선까지 마다하지 않고 넘나들며 출동한다. 많은 시민들이 양보운전에 동참해 주신다. 하지만 일부 비양심적 운행과 불법주차로 인해 소방차량이 제대로 진입하지 못해, 멀리 떨어진 현장까지 무거운 장비를 메고 뛰어가는 경우가 허다하다. 화재 현장에서도 불법 주차된 차량 때

문에 중장비를 쓸 수 없으니, 수많은 시민들의 생명과 소중한 시간을 골목 길바닥에 허비하는 셈이다.

　조금 늦더라도, 조금 불편하더라도 대한민국의 안전을 위해 119에게 길을 내어주시라. 우리 119는 앞으로도 늘 이렇게 시민들과 같은 곳을 바라보며 함께 발맞춰 나갈 것이다. '안전고속도로'를 만드는 길은 시민 여러분에게 달렸다.

First in!　Last out!

Chapter 3.

대한민국 소방의
현재와 미래

대담(對談)한 사람들
이원희 교수와 정요안 전 서장이 제안하는 대한민국 소방의 현재와 미래

두 사람의 대담을 통해 대한민국 소방의 현재를
돌아보고 앞으로 나아갈 길에 대해 고민한다!

01

소방의 국가직화

소방공무원은 어디 소속인가

　한국의 소방은 복잡한 체계이다. 중앙정부 기준으로 보면 행정안전부 소속으로 소방청이 있다. 그리고 서울특별시, 부산광역시, 경기도 등 광역자치단체 조직을 보면 소방재난안전본부 등의 조직이 있다. 그리고 강남구 소방서, 해운대 소방서, 수원 소방서 등이 있다. 국민의 최일선에 있는 소방서 소속 공무원 월급은 누가 주는 것일까? 월급 주는 사람이 통제 권력을 가질 수 있을 것이다.

　전국에 5만 6천 6백여 명의 소방공무원이 있는데 신분이 복잡하다. 중앙조직에 근무하는 소방청 소속 국가직 공무원이 683명, 각 자치단체 소속 소방직 공무원은 5만 5천 9백 명이다. 이들 지방자치단체 소속 공무원은 광역자치단체 소속으로, 시도 소속 공무원으로 되어 있다. 즉 지금 현장에 있는 공무원들은 특별시, 광역시장 또는 도지사의 지휘를 받게 되어 있는데, 업무의 특수성을 반영하여 각 지역의 본부장은 국가직 공무원으로 임명되어 지휘를 하고 또한 2020년 4월부터는 소방공무원의 신분이 국가직으로 단일화됐지만, 시·도지사의 지휘와 감독권은 종전과 같이 유지되고 있어 지방 소방조직은 독립화 되지 못했다고 볼 수 있다.

왜 소방공무원의 국가직 일원화가 필요한가?

소방공무원의 국가직 일원화 필요성은 재난환경, 소방기능, 지휘체계, 소방재정, 안전 불평등 등의 다섯 가지 측면에서 검토할 수 있다. 먼저 재난환경의 경우 기후변화 및 기술발전의 영향으로 인하여 재난에 대한 예측가능성이 사실상 심각하게 저하되고 규모와 복잡성은 증가했다. 단순 화재 사고와는 질적으로 차이를 보이는 화학물질 누출 사고, 초고층 건물 화재, 테러, 집중호우 피해, 원자력 발전소 사고 등의 재난 유형이 과거에 비해 높은 비중을 차지하고 있다. 이러한 대규모 복합재난은 일반 재난보다 빈도는 낮지만, 대규모의 사상자를 발생시키고 광역자치단체 수준의 방재 능력으로는 감당하기 어렵다는 특징을 보인다.

둘째, 소방기능 또한 달라진 재난환경에 맞추어 변모하였다. 소방은 과거의 단순 화재 진압 기능만 수행하는 것이 아니라, 현재는 초광역 구조, 생활안전, 대형 복합재난에 대응하는 '재난대응 전문기관'으로서의 기능 정체성을 확립했는데 지역적 범위를 초월하여 발생하거나, 개별 지방자치단체의 역량으로 감당할 수 없는 강도의 재난을 관리하는 것이 소방기능의 핵심 사무로 떠오른 것이다.

셋째, 국가직이 되기 전에 지휘체계를 살펴보면 국민안전처 중앙소방본부와 시·도지사 각각의 지휘를 받는 방식으로 이원화가 되어 있다. 따라서 국민안전처 중앙소방본부와 시·도지사 간 지휘가 상충된다면 지휘체계에 혼선이 발생하여 현장의 소방공무원이 혼란에 빠지게 된다. 이러한 문제점이 실제로 작용하여 피해 규모를 키운 사례가 바로 2013년 포항 대형 산불 사고와 경주 마우나오션리조트 체육관 붕괴 사고다(당시는 국민안전처 중앙소방본부 대신 소방방재청이 그 역할을 수행했다).

넷째, 「소방기본법」 개정으로 시·도지사 직속으로 소방본부를 두되, 국가 차원에서 화재예방을 강화하고 각종 재난에 효과적으로 대응하기 위해 소방청장이 화재예방과 대형 재난대응 등 필요한 경우에는 시·도 소방본부장 및 소방서장을 지휘·감독할 수 있는 권한을 부여하였다.

마지막으로, 전체적인 소방기능 저하 문제와 더불어 상황을 더 악

화시키는 것은 '안전 불평등'의 문제이다. 시·도별 재정여건의 편차만큼 소방안전서비스도 편차가 생기게 된다. 국민의 기본적 안전에 관한 공적 서비스가 개별 국민이 사는 지역에 따라 불평등하게 제공된다는 점은 심각한 문제다.

만약, 자치단체의 재정 여건에 따라 치안서비스를 차등 제공하자는 주장을 펼친다면, 이에 동의할 사람은 전혀 없을 것이다. 소방서비스 또한 헌법상 보장된 국민의 생명과 안전을 보호하는 국가의 가장 기본적 역할을 수행한다는 점에서 치안서비스와 차이가 없다.

정부는 「지방교부세법」 개정으로 지방자치단체의 소방인력 운용, 안전시설 확충, 안전관리 강화 등을 위한 소방안전교부세율을 인건비 충당을 위해 담배에 부과하는 개별소비세 총액의 일정 비율을 지자체에 주는 '소방안전교부세'를 기존 총액의 20%에서 25%포인트 증가한 45%로 조정하고, 2020년 7,143억 원(시설 확충 등 3,683억 원·소방인건비 3,460억 원)을 각 지자체에 나눠 주기로 했다. 하지만, 지자체들은 앞으로 3년간 나눠서 신규 인력을 뽑더라도 2022년엔 연간 1조 2,500억 원의 예산이 필요해 매년 3,500억 원 정도로는 턱없이 부족하다고 주장하고 있다. 다만, 「소방재정지원 및 시·도 소방특별회계설치법」은 예산회계연도 등을 감안하여 2021년 1월 1일부터 시행된다. 「소방재정지원 및 시·도 소방특별회계설치법」 제정으로 현재 시·도에서 조례로 각각 다르게 운영하는 소방특별회계를 법률로 격상하여 지방 소방재정을 안정적으로 확보할 수 있도록 하였다.

그 밖에도 소방공무원 국가직 전환에 따라 「지방공무원법」에 지방공무원의 종류에서 지방소방공무원을 삭제하고, 「지방자치단체에 두는 국가공무원의 정원에 관한 법률」에서는 지방자치에 두는 국가소방공무원의 정원(23명 이내)을 삭제하는 등 일부 개정하였다.

소방공무원 정원을 지난해 기준 993명에서 1,505명까지 늘려야 하는 울산시의 경우, 충원 인력 인건비를 국비 지원만으로는 감당하기 어려워 약 30%를 추가 부담해야 하는 상황이다. 한 지자체 관계자는 "소방안전교부세율을 순차적으로 80%까지 높여야 지자체들이 안정적으로 인력을 늘릴 수 있을 것"이라고 밝혔다.

소방관 국가직 전환의 의미

소방의 역할이란 대개 '화재진압'을 우선으로 생각한다. 잘못된 생각은 아니지만, 1950년대에서 1970년대의 대한민국 소방조직에 주로 해당이 되는 이야기라고 할 수 있다. 재난관리 전체 프로세스를 예방 → 대비 → 대응 → 복구의 4단계로 나눌 때, 현재 우리나라 소방조직은 인적재난, 자연재난, 특수재난을 아우르는 모든 재난 대비·대응의 80~90% 이상을 전담하고 있다.

2019년 4월 4일 강원도 인제군을 시작하여 고성군, 속초시, 강릉시, 동해시 지역에 잇따라 발생한 초대형 산불은 그 규모에 비해 인명피해가 매우 적다는 특징이 있다. 그 배경에는 산불 진화와 확산 방지를 위해 위험에 몸을 내맡긴 소방관, 군경, 자원봉사자들의 헌신적인 노력과 소방관들의 노고가 있었다. 이번 산불 진화에는 소방관 3,200여 명과 소방차 870여 대가 투입되었는데, 전국 소방서에 즉각적으로 동시 출동 명령이 내려진 것은 이전에는 보기 힘든 장면이었다.

우선 이전까지 안전처 산하 본부였던 소방조직이 2017년에 비로소 독립한 것이 큰 몫을 했다고 본다. 맨 처음 한 일은 대형재난 대응 매뉴얼을 재점검해 새로운 대응체계를 만드는 것이었다.

> **제2조 공무원의 구분**
>
> 2. 특정직공무원 : 공립대학 및 전문대학에 근무하는 교육공무원, 교육감 소속의 교육전문 직원 및 자치경찰공무원과 그 밖에 특수분야의 업무를 담당하는 공무원으로서 다른 법률에서 특정직공무원으로 지정하는 공무원〈지방공무원법[시행 2020. 4. 1.] [법률 제16775호, 2019. 12. 10., 일부개정]〉

이번 전국 단위 신속대응은 이 같은 새로운 시스템 하에서 가능할 수 있었다. 이전과 달리 소방청이 컨트롤타워로서 전국 소방서에 직접 출동명령을 내렸으며, 산불 대응 단계 또한 처음부터 가장 강력한

3단계부터 발령한 것이다(소방청은 앞서 산불 대응 골든타임 확보를 위해 산불 대응단계를 과거 '1→3단계' 발령 방식에서 '3→1단계' 발령 방식으로 변경했다).

    소방관의 국가직 전환은 열악한 처우를 개선하는 동시에 이 같은 중앙통제를 더욱 강화할 수 있다. 2020년 4월 기준, 전체 소방관(5만 6,647명)의 98.8%인 지방직 5만 5,964명이 국가직으로 전환되었다. 소방청은 2022년까지 현장 출동을 맡을 소방공무원 1만 9,871명을 충원할 계획이며, 지난 2017년에는 1,500명을 시작으로 2018년 3,404명, 지난해 3,755명을 뽑았다.

    소방공무원 충원 계획에 따르면 2020년에는 3,718명을 채용할 계획이며, 2021년 3,642명, 2022년 3,903명을 각각 증원한다. 그중 408명은 현재 소방서가 없는 전북 진안군, 전남 장흥군·완도군의 신설 소방서 3곳과 서울 등 지역에 새로 생기는 119안전센터 14곳에 배치될 것이다.

국가직 일원화 반대에 대한 반박 근거

    반박 근거는 두 가지로 정리할 수 있다. 먼저, 소방 업무가 기본적으로 중단위 수준의 전문성을 가진데다가, 현장 밀착형 업무의 특성이 있어서 지방사무로 보는 것이 적합하다는 주장이 있다. 이러한 논리는 소방의 업무를 건축물 화재진압 정도에 국한시켜서 이해할 때 나올 수 있는 주장이다. 과거에 발생한 대형 복합재난 사례만으로도 충분히 반박할 수 있는 문제라고 할 수 있다.

단순히 지역 소방서의 구급 인력이 5~10분 이내에 출동하는 것만으로는 문제가 해결되지 않았던 것은 경주 마우나오션리조트 체육관 붕괴사고, 세월호 참사 등에서 알 수 있다.

경주 마우나오션리조트 체육관 붕괴사고의 경우 사고 현장과 인접한 울산에서 최대의 소방력이 지원되었어야 했지만 관할 구역이 아니라는 이유로 소극적인 지원이 이루어졌다. 또, 세월호 참사의 경우 전국의 소방 헬기가 순간적으로 일사불란하게 동원되어야 했으나 그러하지 못했다. 국가직과 지방직이 혼재하고 있는 조직의 한계로 볼 수 있는 대목이다.

둘째, 지방자치단체의 협력 필요성을 통해 국가직 일원화를 반대하는 것과 미국과 일본의 예를 통해 소방을 지방직으로 운영하는 것이 타당하다고 주장하는 것인데, 이 또한 논리적이지 못하다. 더 이상 소방행정의 주요 대상이 지역의 건축물이라기보다는 광역체계를 넘나드는 '국민'에 대한 '안전' 개념으로 전환되었기 때문이다.

외국의 경우 소방은 일반적으로 주로 화재진압 업무를 수행한다.

화재진압 외에도 인명구조 및 구급, 생활안전, 특수재난, 의료상담 등 광범위한 기능을 담당하는 한국의 소방과는 적절한 비교대상이 될 수 없다.

최근 우리나라 소방조직의 화재 출동 건수가 전체 소방 출동 건수의 10%에 불과하다는 점과 나머지 90%는 국민 전체를 대상으로 하는 안전서비스라는 점에 주목할 필요가 있다. 더군다나 연방제 국가인 미국의 개별 주(state)의 크기는 우리나라 전 국토의 몇 배가 되는 경우도 많다. 외교 및 국방기능이 존재하지 않는다는 이유로 우리나라 자치단체와 미국의 주를 같은 차원에 놓고 비교한다는 것은 재난환경 측면에서는 어불성설이다. 전 국토가 1일생활권에 속하는 우리나라 상황에 미국 소방의 지방직 논리를 적용한다는 것이 비논리적이라는 말이다.

마지막으로, 지방분권의 가치 보호를 근거로 소방의 국가직 일원화를 반대한다는 논거 또한 지방분권은 그 자체로 절대적 목적이 아니라 헌법상 가치를 수호하기 위한 수단임을 간과하고 있다는 점이다.

지방분권을 통해 국가는 궁극적으로 국민의 권리를 보호하고 공공서비스를 효율적이고 효과적으로 제공할 수 있어야 한다. 그러나 소방행정의 측면에서 봤을 때, 소방공무원의 국가직 및 지방직 이원화는 오히려 헌법 제34조 6항(국가는 재해를 예방하고 그 위험으로부터 국민을 보호하기 위하여 노력하여야 한다)의 재해 예방 및 국민 보호라는 가치를 달성하는 데 방해가 된다. 지방분권을 근거로 소방공무원의 국가직 일원화를 반대할 수는 없다고 본다.

소방의 국가직 일원화로 국민의 생명·안전보장

소방공무원을 국가직으로 일원화하고자 하는 목적은 중앙 행정기관의 권한을 강화하는 데 있는 것이 아니다. 국민의 생명과 재산을 보다 효과적으로 보호하는 것에 그 목적이 있다. 또, 앞서 살펴본 근거를 통해 알 수 있듯이, 소방공무원의 국가직 일원화 논의는 단순히 소방공무원 처우 개선 차원의 논의가 아니다.

대규모 복합재난에 대한 효과적 관리, 국가사무 및 국가·지방 공동사무의 증가에 대한 대응, 지휘체계의 일원화, 소방재정 문제의 해결, '안전 불평등' 문제의 해소 등의 중간 목표 달성을 통해 궁극적으로는 국민의 생명과 안전을 보다 효과적으로 보장하자는 것이다.

이스라엘의 소방공무원들은 국가직이고, 또 분단국가인 중국과 대만의 소방공무원들도 국가직이다. 이스라엘 소방공무원의 국가직 전환의 직접적 사유가 2010년 발생한 카르멜 대형 산불이긴 했지만, 사실상 항상 전쟁 상태를 염두에 두어야 한다는 점에서는 우리나라와 골자를 같이 한다고 볼 수 있다.

국토가 휴전선으로 나누어진 상태에서 북한의 테러와 각종 위협에 직면해 있는 우리나라는 당연히 국가 전체 차원에서 소방조직을 관리 및 운영하는 것이 효과적이다. 각종 테러와 전쟁과 같은 위기 발생 시 전국 차원에서 총체적으로 일사불란하게 움직이는 국가직 소방과 현재와 같은 지방직 소방 중 어느 쪽이 국민의 생명과 안전을 보다 효과적으로 보호할 것인가? 한 번쯤 생각해봐야 한다.

국가직으로 전환되면 어떤 점이 개선될 것인가

코로나바이러스감염증-19(COVID-19)로 인한 스트레스가 매일 쌓여가는 요즘, 즐거운 소식이 도착했다. 2020년 4월부터 소방공무원의 98.7%를 차지하고 있던 지방 소방공무원들이 모두 국가직으로 바뀌었다는 것이다. 이를 통해 나타날 수 있는 가장 긍정적인 것은 효과적인 재난 대응이 가능하다는 점이다. 현재는 지진과 태풍 등과 같은 대형 재난이 발생하면 우선 해당 시·도 소방본부에서 책임을 지고 대응하는 체계였지만, 앞으로는 소방청장이 필요하다고 판단하면 시·도 소방본부와 소방서장을 지휘·감독할 수 있다.

또한, 초동 대응은 관할 시·도가 아닌 근거리 기준으로 출동하게 되고, 소방본부별로 분산된 상황관리도 119통합 상황관리시스템으로 일원화된다. 더불어 각 시·도 재정여건이나 단체장 의지에 따라 편차가 심했던 소방 인력과 장비도 국가 차원에서 통합 관리된다고 한다.

소방청은 중앙119구조본부와 시·도 소방본부에서 별도로 운영하는 소방헬기 29대의 정비 입고를 조정하거나 장비·수리부품 등을 일괄 구매하는 방식으로 소방헬기 가동률을 높이고 출동 공백을 해소하기로 했다.

또한, 구급대가 없는 농·어촌 지역에 2022년까지 95개 구급대를 배치하고 현재 71% 수준인 119구급차 3인 탑승률은 같은 기간 100%로 끌어올릴 계획이며, 2021년까지 '소방안전 빅데이터 센터'를 구축해 예방정책 마련과 맞춤형 재난정보 제공에 활용할 방침이다.

정부는 소방관 국가직 전환을 계기로, 전문 의료기관 신설 등 처우개선을 통해 소방관들이 더 나은 근무환경에서 일할 수 있도록 지원할 계획인데, 지금도 소방관들은 24시간 365일 화재, 구조, 구급 현장출동, 화재예방활동, 민원대응 등 국민들의 안전을 지키기 위해 밤을 지새우고 있다.

대통령의 대선 공약이기도 한 '소방관 국가직 전환 추진방안'이 2017년 10월 26일 시·도지사 간담회를 통해 출범한 이후 약 3년 만에 본격적으로 시행되는 셈인데 소방청에 따르면, 소방공무원 국가직 전환과 관련된 하위 법령 제·개정 절차가 마무리됐다고 한다 (제·개정된 하위법령은 지난해 12월10일 공포된 소방관 국가직화 관련 법률 6건[소방공무원법, 지방공무원법, 지방자치단체에 두는 국가공무원의 정원에 관한 법률, 지방교부세법, 소방재정지원 및 시·도 소방특별회계설치법안]의 실질적 이행을 위한 것으로, 대통령령 29개와 행정안전부령 7개 등 모두 36개이다. '소방공무원임용령' 등 대통령령 29개는 지난 3일 국무회의에서 의결돼 10일 공포됐고, '소방공무원임용령시행규칙' 등 행정안전부령 7개는 11~13일 공포됐다).

소방인력 충원율 60%대 불과한 지방…
서울 90.2% 수준으로 증원?

소방공무원 국가직 전환의 또 다른 화두로 소방인력이 꼽힌다. 각 사건에 따라 출동하는 소방관 인원은 법정 기준으로 명시되어있다. 그러나 지역 재정상황에 따라서 인력이 부족하다보니 그 수를 채우지 못하는 경우가 비일비재하다. 국가직 전환을 계기로 충원율이 열악한 지방의 소방관 채용규모가 확대될 수밖에 없는 것이다.

실제로 소방 2018년 6월 기준으로 지방 지역의 소방인력 충원율은 △전남 60.1% △제주62.6% △충남 63.4% 등으로 60%대에 불과하다. 서울의 인력 충원율이 90.2%인 것과 대조된다. 전국적으로 부족한 인력이 2만 명에 이른다고 할 수 있다. '지방자치단체에 두는 소방공무원 정원에 관한 규정'과 시행규칙 제정을 보면, 시·도 소속 소방공무원 정원을 규정하고, 소방청장이 매년 시·도 정원 수요를 파악해 행정안전부 장관에게 정원 조정을 요구하도록 했다. 또한, 소방청장은 시·도 소방공무원의 인력 운영 현황을 공개할 수 있도록 하는 등 부족 소방인력 충원을 원활히 추진할 수 있도록 했다고 한다.

인력 확보에 따른 인건비 증가를 위한 법안도 마련됐는데, '지방교부세법 시행령' 및 '소방안전교부세 교부기준 등에 관한 규칙' 개정이 그것이다. 소방안전교부세 대상사업에 '소방인력 운용'을 추가해 소방안전교부세를 소방공무원 인건비로 사용할 수 있게 했다고 한다. 2022년까지 현장부족인력 2만 명의 충원이 완료되면 1인당 담당 인구가 878명으로 떨어져 OECD 주요 국가인 미국(911명), 일본(779명)과 비슷한 수준을 유지할 수 있을 것으로 소방청은 보고 있다.

구급대원 1인당 담당 인구수가 지난해 5,290명에서 올해 5,021명으로 감소세를 보였으며 3인 탑승률도 41.6%에서 44.1%로 개선됐다고 한다. 소방청 관계자는 인력충원 현실화로 3인 탑승 준수율이 100%가 될 경우 전국적으로 균등하고 질 높은 구급서비스가 이뤄질 것으로 보고 있다.

02

소방예산 확충

소방예산 실질적인 확대가 필요하다

"소방은 이제 국가직이 됐는데 왜 여기 와서 예산 얘기를 합니까. 정부에 요청하세요." 소방 국가직화가 결정된 이후 실제로 지자체와 도의원 등에게서 종종 나오는 말이다. 소방의 신분 국가직화가 이뤄지면서 지자체에서는 싸늘한 반응이 이어지고 있다. 앞으로는 사업 예산 등에 대해 국가 비중을 늘려 충당하는 게 합당하다는 인식이 커졌음을 보여준다. 덩달아 소방공무원의 신분 국가직화로 인해 지자체는 기존보다 투자를 줄일 가능성이 커졌다. 국가 차원의 소방예산 증액을 위한 적극적인 고민이 필요한 이유다.

2019년 소방예산 구조를 보면 국고보조금이 497억 원, 응급의료

기금이 184억 원, 기타 국비가 8,700만 원 정도로 합하면 국비는 약 682억 원 규모(1.3%)다. 그에 비해 지방비는 소방안전교부세 2,817억 원, 지역자원시설세 1조 3,392억 원, 일반재원 3조 5,324억 원 등 약 5조 1,534억 원(98.7%)이다. 소방안전교부세를 제외한 4조 8,717억 원이 지방비에 편중된 셈이다.

대부분의 사업비가 지방비에 쏠린 만큼 소방의 예산 안정화와 확대 방안은 국가직 전환 이후 가장 큰 숙제로 남았다. 신분 국가직 전환 이후 충원되는 소방인력에 대해서는 올해 늘어난 3,459억 원의 소방안전교부세를 투입하지만 향후 재원 확보 방안은 아직 뚜렷하지 않다. 정부는 올해 12월까지 내년부터 소요되는 추가 소방 재원 확보 방안을 마련할 예정이다. 18,000여 명의 신규로 채용되는 국가직 소방공무원의 인건비가 1조 원정도 소요된다고 할 때 어떻게 확보할 것인지가 쟁점이다.

이를 두고 근시안적인 재정 대책이 아닌 장기적 관점에서의 안정적인 소방예산 확보 방안이 필요하다는 지적이 나온다. 2022년까지 충원되는 현장 부족 인력 소방공무원과 더불어 조직, 인력이 늘어나면서 필요한 사업비는 지속적으로 그리고 안정적으로 확보되어야 하기 때문이다.

소방공무원 충원에 따른 개인안전장비 등의 경상적 사업비와 노후관서 증·개축, 복지 등에 따른 추가 소요 예산을 위해서는 소방을 위한 별도의 부담금을 신설하는 방안이 필요하다. 한편, 소방청 관계자는 "소방 활동으로 인한 직접적인 수익자에 해당하는 대상을 중심으로 한 부담금 강구 방안을 마련하기 위해서는 상해보험이나 화재인자인 전기를 비롯해 응급의료 대책 등 다양한 각도에서 신 재원을 발굴하기 위한 노력이 필요하다."고 강조했다.

소방만 없는 '소방직무집행 조직법' 윤곽 잡아야!

소방청 설립과 신분의 일원화 이후 가장 큰 과제는 지방 소방사무를 효율적으로 견인하는 일이다. 중앙소방과 지방의 명확한 관계를 법적근거로 명시해야만 재난대응의 책임성도 높일 수 있기 때문이다.

국군조직법과 법원조직법, 검찰청법 등은 1940년대에 만들어졌고 경찰법 역시 1991년에 제정됐다. 타 조직과 달리 조직 관련 법률이 부재한 소방은 정권이 바뀔 때마다 소방청 등 중앙 기관의 형상 자체가 흔들리곤 한다. 과거 소방방재청, 국민안전처(중앙소방본부) 등은 소방이 겪어온 고초를 그대로 나타낸다.

게다가 각 지역 소방본부의 명칭조차 제각각이고 본부 내 속한 담당 부서는 통일성이 없다. 중앙과 지방의 소방조직이 아직 체계적이지 못하다는 걸 의미한다.

  이 같은 문제점 해소를 위해서는 소방청과 시·도 소방기관의 역할에 따른 명확한 규정, 소방기관의 설치 근거 등을 규정하는 소방만의 조직법이 필요하다는 시각이 많다. 소방의 국가직화를 계기로 하여 소방관련 조직과 인력 그리고 예산관리를 위한 종합적인 청사진이 필요하다.

03

소방인력 확충

소방력 강화를 위한 국민적 관심 필요

 2017년 소방이 독립 청이 설립되고 2020년 4월 1일 소방공무원의 국가직화가 이뤄졌다. 소방의 새로운 역사는 이제 시작이다. 따라서 미래를 위한 설계와 발전이 필요하다. 국가직화 이후 소방조직 안팎에선 다양한 시각이 교차한다. 지금의 소방공무원 국가직화 형상은 국가와 지방 그 중간에 걸쳐진 모습이기 때문이다.

 신분은 전환됐지만, 소방사무를 국가가 아닌 지방에 존치하다 보니 실질적인 국가직은 아니라는 의견이 적지 않다. 오히려 지방화 시대를 역행했다는 따가운 시선도 받았던 게 사실이다. 그러나 지금의 형상에서 조금씩 변화해 나간다면 발전을 앞당길 수 있다는 게 중론이다. 지금 소방의 변화가 국민이 안전을 지키는 최일선 조직의 모습으로서 올바른 방향일지 혹은 잘못된 방향일지는 아직 알 수 없다. 국가 책임의 비중을 높였을지언정 지방의 역할이 축소돼 결국 소방에 투입되는 예산이 줄어들거나 조직 발전에 걸림돌이 될 수 있다는 우려 역시 외면할 수는 없는 상황이다.

과거 화재에만 국한하던 소방의 역할은 구조와 구급으로 발전했고 최근에는 의료상담이나 각 지역시민의 안전을 위한 생활안전출동, 취약계층에 대한 안전정책 등 변화를 거듭하고 있다. 중요한 건 앞으로 국민 눈높이에 부응하는 소방으로 한층 더 나은 발전을 이뤄낼 수 있느냐. 소방의 숙원이던 소방청 독립과 신분의 변화가 실현된 지금 높아진 국민의 기대치만큼 실망감 역시 곱절이 될 수밖에 없다.

국민은 '소방'을 위급상황이 발생하면 언제 어디서나 신속하게 달려와 도움을 주는 공무원 조직으로 인식한다. 무한 신뢰를 받는 영웅과도 같은 존재다. 소방청의 독립과 신분의 국가직화도 이런 국민의 지지와 성원이 있었기에 가능한 일이었다. 그 기대에 부응하기 위해 소방 내부에서는 고민이 많다. 산적해 있는 과제가 적지 않아서다.

소방간부후보생 채용 인사시스템 "변화가 필요하다."

　소방조직 내에서 앞으로의 가장 큰 과제로 꼽는 것은 내부적으로도 말이 많은 소방의 인사 정책이다. 그중 간부후보생으로 편중된 중간관리자 문제와 소방의 업무별 우수인재를 양성할 수 있는 인사시스템이 필요하다는 지적이 많다. 전직 고위 소방공무원 출신 인사는 "현재 소방의 중간 관리자급인 소방위 이상의 계급은 보통 소방간부후보생 제도를 통해 공채가 이뤄지지만 직무특성이 반영되지 않는다."며 "앞으로는 소방에 대한 역량 확인과 다양한 직렬에 문호를 개방할 수 있는 인사 정책이 필요하다."고 말했다.

　현재 소방은 2014년부터 중간관리자로 소방간부후보생을 매해 30명씩 선발하고 있다. 과거 소방장학생 제도와 행정고시 출신의 특채도 있었지만 사라졌다. 앞으로는 인재 영입단계에서부터 우수한 인적 자원을 선별해 채용할 수 있도록 계열을 분리하는 방안이 검토돼야 한다. 또 화재 예방 또는 특수 업무를 고려한 이공학, 통계, 응급의학, 법학 등 전문화된 인력을 유입시킬 수 있는 인사시스템이 필요하다는 지적이다.

　특히, 간부 진입의 폭을 비간부 출신인 일선 근무자를 대상으로 확대해야 한다는 목소리가 높다. 일선 근무자 중 우수인력을 선발해 간부후보생 과정에 편입시키는 고속승진 시스템이나 별도의 소방간부후보생 선발을 내부 경력특채 형식으로 운영하는 방안이 제시된다. 소방은 현장 경험이 중요하고 현장에서 우러나오는 지휘력이 중요하다. 그러한 능력을 함양하도록 하는 교육과 훈련이 필요하고, 이런 점이 승진에 반영되어야 한다.

컨트롤타워 중앙소방조직으로….

신분의 국가직 전환으로 대형재난에 대한 국가 책임성은 분명 높아졌다. 국민에게 균등하고 공평한 소방서비스를 제공하고 대형재난을 국가 차원에서 대응하기 위한 과제 역시 수두룩하다. 과학적이고 선제적인 재난 예방시스템과 소방의 대응역량 등을 한층 강화해야 하는 숙명 앞에 소방조직 내부에서는 "가장 필요한 건 소방조직 전체를 이끌 수 있는 중앙조직의 견고함"이라고 말한다.

정책기획과 관리, 통계분석 등을 통한 환류 정책을 펼 수 있도록 조직의 대대적인 정비가 필요하다는 시각이다. 증거기반의 행정을 위해서는 과학적이고 합리적인 수준의 업무 능력이 확보돼야 한다. 이 때문에 각 부서의 역량은 기본이 돼야 한다.

그러나 현재 소방청의 조직과 인력으로는 시급한 현안 중심의 업무를 처리하기에도 버거운 경우가 많다. 점진적인 인력 충원과 조직 확대가 이뤄지고 있지만 미미한 수준이다.

국가 소방직 중 대형재난에 대한 출동 인력(중앙119구조본부)과 상황 관리 인력을 제외하면 정책부서 인원은 고작 160여 명 정도다. 이 인원으로 화재 예방정책을 비롯한 소방력 운영의 질적 향상을 위한 관리는 쉽지 않은 게 현실이다. 실제 인력 부족으로 인해 미래지향적이면서도 발전적인 소방정책 개발이 어렵고 업무 전문성과 집중력 부족에 따른 실효성을 갖춘 정책 발굴이나 정립에도 한계가 나타나고 있다.

정책 개발 능력이 취약하다 보니 시·도 소방본부에서 개발 또는 적용한 정책사례를 검증하거나 최적화 과정 없이 전국적으로 확대하는 일도 발생하고 있는데, 이러한 문제점을 해소하기 위해서는 소방청 고유의 역할과 기능을 강화하는 게 필요하다. 정책 개발과 집행, 실효성을 확인하는 행정을 위해 무엇보다 조직 확대와 인력 확충이 시급하다.

소방공무원 임용권은 시·도지사가 가져, 지역별 시설격차 해소 기대감

소방공무원임용령은 소방청장이 소방관 신규채용시험 실시권을 행사하되 시·도지사 또는 중앙소방학교장에게 위임할 수 있게 했고, 임용·인사교류·교육 등 인사 관련 사항을 시·도와 협의하기 위한 소방공무원 인사협의회를 두도록 했으며, 대통령·소방청장이 가지는 소방공무원 임용권은 시·도지사에 위임하도록 했다.

이에 따라 시·도 소속 소방공무원의 신분은 국가직이 되지만 임용권은 현행대로 시·도지사가 행사하게 된다.

지방직 공무원의 신분만 변할 뿐 소속은 시·도지사이기 때문에 업무와 처우가 변하는 것은 아니다. 마찬가지로 소방공무원의 기본급여는 지역과 상관없이 호봉에 정해지기 때문에 국가직으로 전환돼도 변화가 없다고 생각하면 된다. 그러나 지역 간 복지 포인트는 상이하기 때문에 전체 급여는 재정립될 것으로 보인다.

이에 대해 한 지방직 소방관은 "업무에 있어서는 큰 틀이 바뀌진 않는다."고 말하며 국가직 변환으로 갑자기 다른 지방으로 발령받거나 하는 일은 없을 것이라고 밝혔다.

소방 교육·훈련 내실화가 필요하다

각종 사고와 재난 현장의 최전선을 지키는 소방조직에 있어 대응의 실패와 성공은 소방대원의 능력에 따라 달라진다. 화재와 구조·구급 등의 현장 경험은 때에 따라 형상이 다르고 경험을 통한 지식 습득이 어렵다. 소방공무원 개개인의 역량 강화를 위한 최선은 교육과 훈련이라고 할 수 있다.

소방조직 내에서는 지금 소방의 교육과 훈련 기능을 대대적으로 개혁해야 한다는 지적이 거세다. 현재 소방조직 내 구성원 교육을 위한 기관은 중앙과 지방 소방학교 8곳, 교육대 4곳 등이 맡고 있다. 하지만 대부분 기관에서는 중·장기적 관점의 실효성 있는 교육과 훈련을 운영하기보다는 표준화조차 이뤄내지 못하고 있다.

소방학교 간 역할과 기능은 대동소이한 상황이 돼 버렸고 신임교육 과정과 전문교육 과정을 병행하면서 양쪽 다 부실화되는 문제가 발생했다는 게 소방조직 내부의 냉정한 평가다.

신임 임용자 교육과 재직자를 대상으로 진행되는 교육 모두 문제다. 현장 배치 직후 화재 대응 현장에 뛰어들어야 하는 신임자들은 필수적인 실 화재 훈련조차 받지 못하는 경우가 태반이다. 시설조차 없는 학교가 많아서다. 재직자를 대상으로 진행되는 교육의 경우 '승진을 위한 점수 채우기 절차'로 전락했다는 지적이 나온다.

소방 내부에서는 이런 교육 문제를 해소하기 위해선 전면 수준의 개편이 필요하다고 입을 모은다. 임용 시점에서부터 주기적이고 체계적인 교육을 통해 개개인의 역량을 높여 나갈 필요성이 있다는 얘기다. 여기에 더해 팀 단위의 역량을 높일 수 있는 교육 훈련 시스템 도입도 필요하다. 팀별로 진행되는 현장 활동 실정과 달리 교육이나 훈련 과정에는 팀 차원의 역량 강화를 위한 체계가 부재하다는 이유에서다.

이를 위해서는 교육 체계의 특성화가 필요하다는 시각이 나온다. 화재와 구조·구급 등 다양한 사고를 대비해 팀 단위 대응능력을 향상할 수 있도록 역할 분담과 숙달 훈련체계를 정립할 필요가 있다.

소방청 관계자는 "재난 현장에서 움직이는 소방대원의 정예화는 팀 단위 능력에서 결정될 수 있다"며 "소방학교 교육 과정을 팀별 입교가 가능하도록 설계하고 일상적인 교육 훈련에 개인과 팀별 훈련을 강화하는 방안이 마련돼야 한다."고 말했다.

이어 "팀 단위의 업무 성과를 평가해 개인평가에 반영할 수 있는 시스템을 도입하고 훈련성과에서도 팀별 훈련성과 평가 체계를 마련하기 위해 고민해야 한다."고 지적했다.

또 하나의 문제는 원활한 훈련과 교육을 위한 교관 확충이다. 실제 소방 내부에서 열린 한 세미나에서는 실 화재 훈련 과정에서 교육생과 교관 비율을 5:1 진행하는 미국과 달리 50:1로 교육이 이뤄지고 있다는 사실이 알려지기도 했다. 각 소방학교의 안정적인 교육체계를 마련하기 위해서는 부족한 교관 확충과 양성을 위한 노력이 시급한 실정이다.

우리나라 119구급대의 역할은 점점 더 커지고 있다. 2019년 한 해 동안에는 293만 9,400건을 출동한 것으로 나타났다. 10년 전만 해도 200만 건 정도였던 출동 건수는 89만 4,303건이나 늘었다. 하루 평균 8,053건을 출동하는 셈이다.

이 중 병원으로 이송한 환자는 185만 9,814명에 달한다. 이 역시 10년 전과 대비할 때 37만 8,130명이 늘었다. 이처럼 구급의 수요는 해마다 증가하면서 소방의 대표적 서비스로 자리 잡은 지 오래다.

앞으로는 구급서비스의 질을 높이기 위한 법적 근거 마련과 자질 향상을 통한 '응급의료체계 고도화'라는 숙제가 남아있다. 그 중 대표적인 것은 구급대원의 응급처치 업무범위 확대다. 소방청이 앞장서 응급처치 범위 확대를 추진하고 있지만 수월하지 못한 상황이다. 전화나 영상 등을 활용한 의료지도 시 구급대원의 업무가 넓어지지만, 다수사상자가 발생하는 대형사고 때에는 의료지도 공백이 불가피해 응급조치가 곤란한 상황이 나올 수밖에 없다는 의견이 적지 않다. 응급처치 업무범위 확대와 의료지도 체제 강화를 위한 대책이 필요한 이유다.

일각에서는 대안으로 신분의 국가직화와 맞물려 의료지도를 국가 단위로 통합시켜 운영할 수 있도록 하는 방안을 제시하고 있다. 전문 의사를 파견 받아 운영하는 방안과 중·장기적으로는 소방공무원으로 의대생을 선발하거나 자체 구급 전문 인력을 의학전문대학원 등에 위탁시켜 양성하는 방안이다.

특히, 구급대원의 안정적인 활동을 보장하는 조치도 시급하다. 소방 활동 중 70% 이상을 차지하는 소방의 구급대원이 연이은 폭행사고에 어려움을 겪고 있다. 폭력행위자에 대한 처벌 강화를 위한 제도적 장치가 필요하다. 2018년 4월 취객으로부터 폭행을 당하고 한 달 뒤 숨진 고(故) 강연희 소방관 사건 이후 가중처벌하거나 구급대원의 호신 도구 소지를 허용하는 등의 관련 법안이 9개나 발의됐지만, 현실은 아직 단 한 건도 국회 문턱을 넘지 못했다.

　앞으로의 소방수요 중 구급의 역할은 더욱 증대될 수밖에 없다. 다양한 재난현장에서의 대응력도 중요하지만, 구급 분야의 육성과 발전을 위한 정책적 판단 그리고 조직 차원에서의 더 큰 관심이 필요하다는 지적이다.

04

자율점검과
소방검사

화재조사 분야의 성장을 위한 발판 마련해야!

　기능 강화가 시급한 분야 중 하나는 화재조사다. 실화책임의 관한 법률과 PL법 등에 따른 화재 관련 재판이 늘면서 소방의 화재조사 자료는 영향력이 더욱 커지고 있다. 과학적으로 규명된 화재 원인은 민형사상 책임을 묻고 분석 결과를 국가적인 화재예방정책에 반영하는 중요한 데이터가 된다. 이러한 화재조사 분야를 발전시키기 위해서는 우수한 인력 확보와 조사·감식의 신뢰성 확보 방안을 마련해야 한다는 지적이다.

　우선, 원활한 화재조사·감식을 위한 환경과 인프라 조성이 필요하다. 화재조사 현장 대부분은 한두 명의 화재조사관이 투입된다. 화재조사 업무와 지자체 상황에 따라 감식·감정 장비의 수준 차이가 커 이를 상향 평준화시켜 과학화를 이뤄내야 한다고 입을 모은다. 화재 규모와 원인을 고려해 화재조사 장비를 의무적으로 사용하도록 하고 첨단장비를 보강하는 등 화재조사의 과학화가 가능한 환경부터 만들어야 한다는 시각인 것이다. 지난해 설립된 국립소방연구원을 중심으로 현장에서 수집된 증거물을 100% 감정할 수 있는 전문화된 조직 구성도 시급한 과제다.

소방청장은 "화재조사를 전문적으로 수행할 수 있는 전담조직의 확보가 필요하다."며 "중·장기적으로는 소방청과 시·도 소방본부에 화재조사과를, 소방서에는 전담부서를 설치해 나갈 계획이다"라고 밝히기도 했다.

이를 위해서는 화재조사·감식의 장기근무를 보장하고 사기진작을 위한 대책이 강구돼야 한다. 전문성을 확보한 화재조사관이 단계적으로 직위를 보장받을 수 있도록 하고 수당 등의 지급 방안도 마련할 필요가 있다.

화재조사 전문 인력의 양성을 위한 교육의 강화도 요구된다. 한 화재조사관은 "화재 원인에 따른 피해 관련 소송은 날로 증가하고 있지만, 소방의 화재조사 체계의 발전은 더딘 게 현실"이라며 "전문성을 확보할 수 있는 조사인력의 실무교육 시간을 대폭 늘리는 등의 전문성 확보 방안이 필요하다."고 했다.

장기적으로는 사법경찰권의 부여가 필요하다는 지적이 많다. 한 해 평균 4만 건의 화재조사를 수행하는 소방은 경찰 대비 10배 이상 많은 조사를 수행한다. 하지만 방화범에 대한 수사는 오직 경찰만의 업무로 구분되고 있다. 따라서 모든 화재에 출동해 조사를 수행하는 소방에서 화재조사 시 범죄혐의가 보이면 경찰과 합법적으로 공조체계를 이룰 수 있도록 소방에 사법경찰권이 필요하다는 의견이 많다.

한 화재조사관은 "가장 먼저 화재 현장에 도착해 소방 활동을 하는 소방은 업무 특성상 화재 원인을 규명하는 데 가장 유리한 위치에 있다."며 "화재의 예방과 진화, 조사업무를 모두 수행할 수 있는 정책을 추진하는 것은 국민을 위한 일"이라고 강조하기도 했다.

05

소방관이 안전해야 국민이 안전하다

**순직한 소방관을 위한 약속,
소방관의 안전은 누가 지켜주나!**

　메슬로우(Maslow)는 인간의 욕구단계를 주장하면서 생존과 안전에 대한 욕구를 가장 기초적이고 기본적인 욕구로 분류하고 있다. 그런데 소방관은 그러한 인간의 본성을 거꾸로 하면서 살아가야 한다. 화마(火魔)가 자신의 생존을 위협할 때, 생명을 구하기 위해 불길 속으로 뛰어들어야 한다. 그래서 우리는 그들은 존경해야 하고, 그들이 우리의 생명을 보호하여 주듯이 우리는 그들을 기억하고 보호해야 한다.

　그러나 안전의 대명사인 소방관이 순직하는 일이 반복되고 있다. 안전한 국가를 지향하고 국민의 생명을 존중한다는 이미지와 맞지 않는다. 무엇이 문제인지 원인을 분석하는 작업이 있어야 한다. 노후화된 건물에 화재가 발생하면 물을 뿌려서 진화시키고, 당연히 물을 흠뻑 먹은 오래된 건물은 무너질 확률이 매우 높다. 그럼에도 화점을 찾아서 건물로 진입하는 과정에서 사고가 발생하고 있다. 진압방식을 바꾸는 정책 개발이 필요하고 제도 개선이 필요하다.

안전의 기능은 제도, 장비, 기술 그리고 인간의 협력에 의해 작동된다. 문재인 정부에서 발생한 이번 소방관의 순직을 계기로 일방적인 희생과 봉사를 요구하는 후진적인 체제를 개편하는 계기가 되기를 기대한다.

화재진압의 과학화를 요구하는 목소리도 경청할 필요가 있다. 현재 소방조직이 광역정부 소속으로 되어 있는데 시장과 도지사가 소방인력이나 장비 확충에 적극적이지 않다는 점도 반성해야 한다. 일자리 확대를 강조하는 문재인 정부에서 소방관 인력 확충은 우선되어야 한다. 특히 소방장비나 시설과 관련하여서는 중앙정부의 적극적인 역할이 강화되어야 한다. 나아가 소방행정업무 분석을 통해 불필요한 업무를 줄여서 인력을 효율적으로 활용하는 방안도 모색해야 한다. 이번의 경우에 정년을 1년 남짓 남긴 소방관 그리고 경력 1년 미만의 소방관이 순직했다는 것이 더욱 안타깝다. 현장 인력의 배치 기준의 검토도 필요하다. 그런 연장에서 여성 소방공무원에 대한 근무 여건의 검토도 병행되어야 할 것이다.

위험을 회피하려는 인간의 본능을 거스르면서 일을 해야 하는 소방직의 경우 오랜 훈련과 연습으로 행동이 습관화되어야 하고, 긴박한 현장에서 순간적인 판단이 체제화 되어 있어야 한다. 그럼에도 인력부족으로 인해 훈련의 시간을 확보하는 것은 사치이고 휴식의 시간조차 갖기 힘든 현실이다. 30년 이상 노후화된 청사의 리모델링을 통해 조직 안에서 학습과 훈련 그리고 휴식이 동시에 이루어지도록 해야 한다.

사실 순직보다 우려되는 것은 일상적인 건강이다. 전문가들은 소방공무원들이 위험하고 불규칙적인 근무환경에서 외상 후 스트레스 장애, 우울증, 수면장애 등 한 가지 이상의 고통에 시달리고 있다고 분석하고 있다. 국가를 위해 헌신하는 소방공무원들이 자신도 모르게 찾아오는 심리적 정신적 질병으로부터 온전히 보호받을 수 있도록 소방공무원들에게 특화된 전문 병원 설립이 시급하다(현재 충북 음성군에 소방복합치유센터를 건립 중이다).

소방관들이 암송하는 '소방관의 신조' 중에 "제 사명을 충실히 수행케 하시고, 최선을 다할 수 있게 하시어 모든 이웃의 생명과 재산을 보호하고 지키게 하소서. 그리고 당신의 뜻에 따라 제가 목숨을 잃게 된다면 당신의 은총으로 제 아이들과 아내를 돌보아 주소서"라는 문구가 있다. 나의 안전을 담보하여 주는 분들에 대한 숭고한 정신을 공유해야 할 것이다.

가장 힘든 시간 정작 자신은 누구의 도움도 받지 못하고 순직하신 고(故) 이영욱, 이호현 소방관님들의 명복을 기원한다. 이제 신의 은총이 아니라, 정부의 정책과 시민의 관심으로 그들의 죽음이 헛되지 않도록 우리 모두가 나서야 할 때이다. 정부는 구체적인 정책으로 답을 해야 할 때이다.

안전한 나라, 행복한 국민, 대한민국 119

'소방관이 되려면, 적어도 3대가 덕을 쌓아야 한다'고 굳게 믿고 있다. 소방관이 비록 종교인은 아니지만, 적어도 그에 준하는 소명의식이 필요하며 스스로 높은 수준의 도덕적 기준을 세우고 흔들리지 않도록 부단히 노력해야 한다.

대한민국 소방을 대표하는 브랜드 119는 모든 시민의 뇌리에 이미 깊게 자리 잡고 있다. 그것은 바로 언제든지 어려운 상황이 발생하면 119가 반드시 오리라는 믿음이다. 하지만 세월호 참사 당시 우왕좌왕하는 현장의 모습들과 지휘체계를 지켜보면서 시민들의 분노를 샀다. 철저한 사고조사와 그 결과로 인한 교훈을 바탕으로 소방은 앞으로 재난에 어떻게 대처하여야 할지에 관하여 심각하게 고민해야 할 시점이다.

미국 소방대원들의 모토 중에는 'First in Last out'이란 말이 있다. '가장 먼저 들어가서, 제일 나중에 나온다.'는 말이다. 이러한 희생과 봉사의 정신이 미국 소방의 고유 브랜드가 돼 미국 소방대원들은 오랜 시간 시민들로부터 사랑과 존경을 받아왔다. 그리고 이런 사랑과 존경을 바탕으로 자부심이 충만한 소방대원으로 성장할 수 있는 것이다.

대한민국 소방이 대한민국 최고의 현장대응조직으로 거듭나기 위해서는 희생과 봉사 정신 이외에도 아래에 나열된 미국의 소방정신들을 살펴봐야 하며, 대한민국 소방만의 119 정신을 재정립하는 계기가 되어야 한다.

미국 소방대원의 소방정신

- 성실(Integrity): 보는 사람이 없어도 올바른 일을 하는 것. 품행일치.
- 덕성(Moral Character): 신뢰를 바탕으로 하는 올바른 행위.
- 직업윤리(Work Ethic): 최선을 다하여 철저함을 추구하고, 열심히 노력하는 것에만 가치를 부여한다. 평생 소방대원으로 근무하는 동안, 자신이 한 업무의 양과 질로써만 평가받는다는 것을 기억하라.
- 자부심(Pride): 소방대원이 되었다는 것에 자부심을 갖는다.

- 용기(Courage): 우리는 당신이 두려워하는 것과 싸운다. "We fight what you fear."
- 충성(Loyalty): 소방대원들은 소방조직, 소방서 그리고 동료들에게 충성스러워야 한다. 또한, 부상을 당한 소방대원과 순직한 소방대원의 가족들을 돌보아야 한다. 누군가가 소방의 이미지를 흠집 내려고 할 때에도 자신의 소방서와 소방조직을 지키기 위하여 노력한다.
- 존경(Respect): 항상 동료 소방대원 및 직장 상사, 그리고 시민에 대한 예우를 갖춘다. 이러한 자세들이 다시 시민들로 하여금 소방을 존경하게 만든다. 미국의 9·11 테러 당시, 뉴욕 소방대원들의 헌신적인 노력의 결과로 미국 소방대원들은 9·11테러 이전보다 9·11 테러 이후에 더 많은 사랑과 존경을 받게 되었다.
- 연민(Compassion): 연민의 마음을 가지고 사고 피해자와 희생자, 그리고 자신의 가족과 동료를 보살핀다.

전통을 마냥 오래된 역사인 것 정도로 치부하는 요즘, 과연 119 정신은 어디에 서 있을까. 적어도 119 정신을 브랜드화 시켜 자신의 임무를 천직으로 여기며 봉사하는 사람들의 어깨가 활짝 펴지도록 해주는 것은 어떨까. 이러한 노력들은 궁극적으로 안전한 대한민국을 만들고, 시민들의 생명과 재산을 지키기 위해 아주 오랫동안 숭고한 희생을 한 분들의 뜻을 받드는 것이다.

모든 소방서에는 현장지휘방침이나 현장표준운영절차가 존재한다. 그러한 시스템과 매뉴얼도 결국은 사람이 운영하고 유지하고 보수하는 것이 아닌가? 하지만 세월호 참사를 겪으면서 우리는 어땠는가, 사람이 중심이 되지 않는 시스템과 매뉴얼은 아무 소용이 없다는 것을 우리는 이미 뼈저리게 느끼지 않았는가?

각종 재난현장에서 대한민국 소방이 최고의 대응조직으로 거듭나기 위해서는 이순신 장군과 같은 현장에 능통한 지휘관들이 많이 필요하다. 대한민국 소방을 믿어주는 시민들을 위해 책임감을 느끼고 일할 수 있는 그런 사람들 말이다.

또한, 유능한 현장지휘관을 육성하기 위해 정부에서는 충분한 예산과 교육을 지원해야 한다. 아울러 현장지휘의 책임을 물어 일벌백계하겠다는 방침 또한 재고돼야 하는데, 현장에서 만족스럽지 못한 결과가 있었다면 징계이전에 현장지휘관이 이미 충분히 고통 받고 있기 때문이다. 우리는 그들을 질책하기보다 현장지휘관이 다시 일어설 수 있도록 인내심을 가지고 믿음과 격려, 그리고 지원을 아끼지 말아야 한다.

소방관을 위한 위로의 이야기

공직자로서의 역할과 책임, 규범에 대한 논의로서 공직가치는 오랜 역사를 갖고 있다. 하지만 "무엇이 공직가치인가?"에 대해 명확한 개념을 내리기 쉽지 않다. 정부 또는 공직이 달성해야 하는 가치들이 다양하기 때문이다.

공직가치는 공직(public sector, 公職)과 가치(value, 價值)가 합해진 표현이다. 공직자(公職者)는 개인 우선이 아닌 국민, 시민을 위한 봉사자이자 서비스 산업의 전파자라고 할 수 있다.

세상을 살면서 우리에게 소중한 가치는 외면적 가치도 있고, 내면적 가치도 있다. 먼저 돈, 권력, 권한, 권위, 향락 등의 외면적 가치(external value)는 좁고 제한적이며 일시적일 수 있다. 인격, 자유, 평화, 생명, 도덕, 윤리, 사랑, 우정, 양심 등 내면적 가치(internal value)가 더 길고 오래가며 확산할 수 있다. 내면적 가치는 모든 사람의 협력이 가능하며, 설계만 잘하면 총량을 늘릴 수 있다고 본다.

늘 "준비하고 노력하는 자(者)만이 기회가 오고, 최소한의 노력한 인생은 배신을 안 할 것이다."라고 자문한다.

우리 사회는 늘 '가치(value)'를 존중하는 문화가 사라지고 자기 것만 아는 개인 이기주의가 강하다. 이제는 국가와 사회가 정신적 빈곤에서 탈피하고 큰 틀에서 접근하는 방법을 찾을 때가 되었다. 트라우마의 당사자와 가족이 아파하는데 조직 관리자들은 적당한 선에서 넘어가려는 태도와 정신력의 문제로 치부해버리는 관리자들도 많이 존재한다.

이러한 무지한 생각과 의식의 변화가 피해당사자와 가족들에 대해 진심으로 다가가는 자세를 우리는 배워야 한다. 나의 삶은 어디면 미래에 있는 것이 아니다. 하루하루, 한순간 한순간의 적분이 곧 나의 삶이다. 삶은 늘 크고 작은 시련과 역경의 연속이고 살아간다는 것은 우리에게 닥치는 여러 가지 도전과 어려움을 끊임없이 극복해 나가는 과정이다.

전 세계는 다양한 형태의 자연재난, 학살, 전쟁, 질병, 사고, 사회부적응자, 우울증, 정신질환자, 이혼, 가정폭력, 아동학대, 파산, 가족의 죽음 등 무수한 희생자들이 생겨나고 있다. 하루하루 살아가면서 겪게 되는 사소한 갈등이나 작은 실수 혹은 짜증스러운 일, 자잘한 어려움도 우리가 극복해야 하는 시련 중에 하나다. 모든 일이 언제나 뜻대로 이루어지는 사람이 있다면, 그는 아마도 사람이 아니고 신일 것이다.

편안함은 물건들을 쥐려고 하는 데서 오는 게 아니라 포기하고 놓아 버리는 데서 얻어질 때가 많다. 놓아버릴 때보다 더 자유로워진다. 행복은 도에 가까운 성질을 가졌다. 도를 구하기 위해서는 무언가를 버려야 얻기 쉽다. 그것이 재산이든 감정이든 간에. 그렇다고 모든 것을 내버려야 한다는 그런 의미는 아니지만, 필요한 것은 가지되 정신적으로는 초연해야 한다는 의미다.

우리의 생각은 언제나 시간을 앞질러 달리고, 과거와 미래를 끊임없이 왕래하며 엄청난 속도로 달린다. 마음에 있어서는 언제나 시제의 불일치가 심하다. 마음의 속도는 시간당 마음을 가로질러 움직이는 생각의 수다. 마음의 속도를 늦춘다는 것은 생각의 수를 줄이는 것이다. 컴퓨터의 작업장인 주 메모리 영역에 적재되어 돌아가는 프로그램의 수를 줄이는 것과 유사하다.

마구 풀어 놓은 마음에다 일정한 간섭을 가하여 생각의 수를 줄여라. 그리고 가능하다면 한 번에 한가지의 생각만 마음에 머물도록 하는 게 시제의 일치를 극복하는 한 가지의 방법이다. 즉, 현재를 살려서 현재에 마음을 싣는 방법이고, 이것이 "현재에 산다."는 뜻이기도 하다.

무언가에 대한 간섭을 줄이자. 우리가 세상사에 쓸데없이 감정적으로 개입하여 마음 속도를 높이는 까닭은 진지하게 다루지 않아도 될 것을 너무 진지하게 다루기 때문이다. 간섭을 줄이고 생각의 수를 되도록 적게 하는 것이 적절한 마음의 속도 갖는 길이며 편안해지는 길이다. 나의 간섭 없이도 세상과 내 주변은 잘 굴러갈 것이다.

가장 큰 스트레스의 원인은 다른 사람에게서 좋은 평가를 받기를 원하는 마음이다. 다른 사람들의 거절과 비판은 몹시 견디기 힘들다. 그러나 이것은 스스로가 만들어낸 것. 타인의 눈에 비쳐지는 이미지에 초점을 맞춰 살기 위해 자신에게 엄청난 압박감을 주는 것이다.

그러나 그것을 인식하고 있는 사람조차 별로 없다.

　타인에게 깊은 인상을 주려는 노력과 그럼으로써 만족을 얻으려는 것은 사람의 주도권을 간접적으로 타인에게 내주는 일이다. 나의 행복 또는 불행을 타인의 손에 맡기는 격이다. 나에 대한 타인들의 관심, 자질이나 역량을 알고나 있는지, 과대평가하는지 과소평가하는지 등의 문제에도 그렇게 예민하게 반응하거나 지나친 무게를 두지마라. 타인들은 나에 관해 잘 알지 못한다. 누구보다 자신에 대한 스스로의 평가가 훨씬 중요하다. 단지, 타인의 평가는 자신을 검토하여 바로잡는 객관적 자료로 쓰면 그뿐이다.

　우리 사회는 건강하고 행복하게 자랄 수 있도록 놔두질 않는다. 가장 밝고 즐겁게 살아야 할 나이에 가장 어둡고 고통스런 삶을 살아간다. 마음에도 힘이 있다. 힘은 몸의 근육에서 나오듯 마음의 힘은 마음의 근육에서 나온다. 마음의 근육은 분명히 실재하는 존재다. 마음의 근육이 단단하면 단단할수록 어떠한 어려움과 역경이 닥쳐도 헤쳐 나갈 힘이 생긴다. 바로 그 힘이 회복탄력성(Resilience)지수이다.

　시련이나 역경에 처한 사람에게만 필요한 것은 아니다. 마음은 기초체력과도 같은 것이다. 인생은 크고 작은 어려움으로 가득 차 있다. 단 하루도 회복탄력성이 필요하지 않는 날이 없다.

소방조직도 마찬가지다. 압박받는 업무와 스트레스, 항상 긴장감 속에서 직장생활, 동료와의 갈등, 상사와의 갈등 등 여러 가지 요인이 발생한다. 어떤 부문에 취약하다고 하더라도 크게 염려하는 자세도 버리자. 이 다양한 세상에서 사람들을 저마다 다른 재능이 있고, 차이란 당연히 존재하기 마련이다. 자연스러운 일이다.

4차 산업혁명, 지능 정보화 사회의 개념이 잡힐 듯 잘 안 잡히는 시점에서 공직자의 모습은 사회의 모습을 담아낸다. 미래에 요구되는 공직자 인재상과 공직역량을 공직가치 프로그램에 효과적으로 반영해야 한다. 4차 산업혁명과 소방공무원으로서 대비하는 공직가치를 위해 검토해 볼 세 가지는 다음과 같다.

첫째, 고도화된 정보화 사회에서 기술혁신과 재난 안전정책의 패러다임 변화를 간파하여 통합하는 재난 행정가 정신함양. 둘째, 국민(시민고객)의 필요, 아픔과 정서를 파악하는 감수성(sensitivity) 배양. 셋째, 직업공무원으로서 자긍심, 열정, 공익정신, 올바른 의사결정 능력 향상.

안전사회 구축에 있어 중요한 역할을 수행해야 할 소방조직에 대한 인식의 개선과 자부심을 갖고 일할 수 있는 더 나은 소방조직의 설계라고 볼 수 있다.

4차 산업혁명과 인공지능이라는 지진해일이 밀려오는 시대, 역으로 인간 고유의 영역을 깨우는 '자연지능'에 관해 성찰해야 한다. 세상 모든 것이 인공지능화, 로봇화, 자동화의 길을 걷더라도 자연, 생명, 사물과의 교감, 그리고 인간애(humanity)는 잃지 말아야 한다는 메시지로 글을 맺는다.

소방관에 대한 예우

전 세계적으로 소방관 직책에 있는 공무원은 높은 신뢰를 얻는 편이다. 타인을 위해 자기를 희생해 구하려고 하는 직업이니 당연하다면 당연할지도 모른다. 하지만 외국이나 한국이나 지원율과 경쟁률이 공무원 중에서 낮은 편에 속하지만, 공무원 시험을 준비해 본 사람은 경쟁률이 전부가 아니라는 걸 알 것이다.

결국은 커트라인을 넘느냐 못 넘느냐의 문제, 즉 자신과의 싸움에서 이겨야만 합격할 수 있다. 흔히 말하는 '3D업종, 그것도 3D업종의 실질적 끝판왕'이라는 인식이 팽배하지만, 소방관들이 하는 일은 무조건 3D라고 볼 수는 없다. 물론 화재진압 등의 활동만 놓고 봤을 때는 그런 면이 부각될지 모르겠지만, 건축 및 소방시설 완공에 대한 인허가와 소방시설 지도·감독, 국민적 행사에 대한 안전지원, 재난 예방 캠페인 등의 행정적인 업무가 대부분이기 때문이다.

군인이든 경찰이든 다들 생명의 위협과 신체적 고통을 감내하고 있지만, 소방관은 매년 수시로 발생하는 화재 현장에 직접 투입되어

제압하기 정말 까다로운 화마와 전쟁을 치르고 있다. 현 대한민국 공무원 중 가장 현실적으로 죽음이 빈번하게 발생하는 직업인 것이다.

외국의 소방이야기-미국

　　미국 드라마를 보면 소방관이 섹시남의 대표주자로 나오는 것을 볼 수 있다. 만화에서나 볼 법한 이런 극단적인 인식은 실제로 소방관이 섹시한 직업 1위에 꼽히는 것을 보면 알 수 있다. 또한, 아이들의 선망을 제일 많이 받는 직업 중 하나다. 아이들이 제일 좋아하는 장난감 중 하나인 '레고시티' 제품 라인업 중 단연 많이 나오는 직업이 소방관일 정도다. 전 세계 어디를 가도 소방관은 해당 사회에서 가장 존경받는 직업 중 다섯 손가락 안에 드는데, 한국 남자아이들에게도 그것은 예외가 아니다. 그 영웅적 면모 덕에 대통령 못지않게 꿈꾸는 직업 중 하나로 꼽혔다. 다만 여자아이들이 소방관을 꿈꾸는 경우는 극히 드물다. 2010년 초중반까지만 해도 자주 꼽히는 장래 희망이었는데 최근 아이들은 유튜버나 공무원이 더 좋은 모양이다. 요즘 애들은 똑똑해서 '공부 잘하면 의사, 그럭저럭일 땐 공무원, 공부는 영 아니다 싶으면 유튜버'라고 한다. 국가 불문하고 소방관은 영웅 그 자체로 봐도 틀리지 않는 직업의 성격임에도, 현재 대한민국에서 소방관의 대우는 '영웅'의 대우라기엔 별로 좋지 않다.

    국가경제가 발전하는 과정 속에서 희생한 것은 생각지도 않고, 질병과 연계할 수 없다는 논리 체계를 내세운다. 소방의 안전과 소방관 대우가 합리적이지 않았다는 말에 "왜 그 당시에 이의제기하지 않았냐"는 논조로 말하니 답답할 뿐이다. 그런 방어논리 속에 죽거나 죽어가는 소방관이 엄연히 지금도 존재하는 데도.

    이러한 상황은 돈을 아끼고자 정교하고 멋들어지게 설계된 법적 방어논리로 유지된다. 헌법과 양심에 따라 입증책임을 국가가 짊어지는 게 마땅함에도 불구하고 힘없는 개인에게 전가하며, 스스로 자부심을 가지고 군말 없이 화마와 싸웠음에도 어리석은 행동을 한 사람처럼 되어버린다. 결국에는 가족과 친지들에게 경제적 부담과 동정 어린 시선을 안기는 우스꽝스러운 일이 벌어지는 것이다.

    법적인 논리로 이러한 배상을 해결하려면 그동안 국가가 부실한 시스템을 운영해왔다는 것을 인정하거나 더 힘 있는 기관과 고용 당사자가 입증책임을 지도록 법률이 개정되야 하는데, 전자와 같이 양심과 헌법에 기초한 포괄적 해석을 내릴 판사는 현재 존재하지 않고(모호함을 핑계로), 자본주의 경제 논리와 전체주의에 흠집 나는 국가 책임 묻기에 급급한 상황으로 여전히 고생만 실컷 한 소방관은 하나의 어리석은 개인이 되어 폐 질환이나 호흡기 질환이 생겨도 국가로부터 보상 받을 수 없는 것이다. 안타까운 일이다.

미국의 경찰 운영 방식처럼 소방관도 주, 카운티, 마을마다 자체적으로 소방대를 따로 운용한다. 소속된 지자체의 규모가 클수록 소방대의 장비나 인력이 빵빵한 것도 비슷하다. NYPD나 LAPD처럼 큰 경찰국이 있는 것처럼 소방도 FDNY 등의 큰 소방대가 존재한다.

미국의 경우 의용소방대가 많은 편이다. Volunteer Fire Department라고 부르는데, 편의상 VFD로 줄여서 쓴다. 대한민국의 의용소방대와는 약간 개념이 다른데, 대한민국의 의용소방대가 평소엔 자신의 생업에 종사하다가 재난이 터지면 불려나가고, 현장에서는 보조 업무만을 보는 것과는 다르게 미국은 배정된 시간동안 소방서에서 근무하며 실제 화재 등의 사고가 나면 공기호흡기와 방화복을 입고 소방차 타고 달려가서 불 속으로 뛰어든다.

자원봉사자들은 이론상으로 급료를 받고 일을 하지는 않지만, 출동수당이나 생명수당 등은 소액 지급된다고 한다. 이건 미국인들이 특별히 자기희생적인 게 아니라 넓은 땅에 사람이 적어서 소방서를 설치하기도 뭐하고, 그렇다고 멀리 있는 소방서에서 출동하는 것은 비효율적이라 미국 특유의 지방자치 개념으로 생긴 업무 공백을 동네 사람들이 메우는 것이다.

이 자원봉사 소방대원들은 대개 따로 직업이 있는데, 시골 특성상 대부분 농부들이고 구급대원은 의사도 있다. 소방관을 꿈꾸는 사람들이 VFD에서 경험을 쌓고 아예 직업소방관으로 전환하는 경우도 있다.

이런 곳에서는 소방조합에 가입해야 서비스를 받을 수 있다. 회비를 안 냈다가 집에 불나서 소방관이 출동했는데 그냥 집을 태워버린 경우도 있다. 이때 회원인 옆집으로 불이 옮겨 붙으려고 하자 그때서야 불을 껐다고 한다. 비회원인 집주인이 "몇 년 치라도 낼 테니 꺼달라"고 했지만, "그런 소리를 들어주면 평소에 누가 회비를 내겠느냐"며, 더군다나 소방회비를 화재 현장에서 납부하는 것을 당국에서 금지했기 때문에 거부당하고 말았다.

이 일은 2010년 미국의 사우스 풀턴 소방서가 저지른 실화다. 화재 신고가 접수됐지만, 사우스 풀턴 소방서장은 이 집이 소방조합에 가입하지 않았다는 이유로 화재 진압을 거부하였다. 집주인이 온갖 사정사정을 들이밀며, 막대한 화재진압비를 내겠다고 울며불며 간청했지만, 소방서장은 이걸 수용하면 소방조합에 대한 신뢰가 무너져 그 누구도 소방조합비용를 내지 않고 자기 집에 불이 났을 때만 1회성으로 돈을 내는 불합리한 짓을 일삼을 것이므로 절대 들어주지 않겠다고 하였다.

불난 집주인 멘탈을 완전히 박살내는 행위에 전미 온갖 언론들이 해당 소방서를 비난한다. 결국 사우스 풀턴 소방서장이 대국민 사과를 하는 것으로 이 여론을 잠재웠는데, 고작 1년 뒤에 소방조합에 가입하지 않은 사람의 집 화재진압을 또다시 거부하는 일이 생기면서 그는 다시 언론에 이름을 올리게 되었다. 변호 받을 권리가 있는 악인을 변호하기 싫다는 이유로 변호하지 않는 것이 아니라 직업적 소명의식을 따라야 하는 것처럼 소방관도 민간의 생명과 재산을 지켜야 한다는 소방관의 직업적 소명을 지켜야 한다.

2009년 8월에 미국 버팔로 시내에 한 편의점에서 발생한 화재진압 중 붕괴사고로 순직한 "Charles McCarthy" 소방위와 "Jonathan Croom" 소방대원을 위한 장례식을 그야말로 융숭하게 치러줬는데, 순직 소방관에 대한 예우가 높은 편이라서 그렇다.

또한, 미국 소방관은 대한민국 소방관들의 처우가 부실하다고 할 때 항상 언급되기도 한다. 온갖 잡역부 역할을 다하는 대한민국 소방관에 비하면 대우도 빵빵할뿐더러, 시민들의 존경심도 대단하기 때문이다.

일례로 미국에서 한 여고생이 17년 전 갓난아기인 자신을 구해주었던 소방관을 졸업식에 초대해 화제가 된 적이 있다.

미국 소방관도 한국도 동일하게 응급구조사가 의무적으로 1인 이상 있어야 한다. 응급상황 시 초기대응을 하는 소방대 때문이다. 응급처치 후 구급차가 오면 넘기는 식인데 이는 영국 등도 마찬가지다.

미국 소방대 중에는 공수부대도 있다. 정확히는 산불을 진압하는 삼림소방대 소속인데, 정식 명칭은 스모크 점퍼(Smoke Jumper)라고 한다. 말 그대로 삼림 화재(산불)에 낙하산 메고 뛰어드는 소방대원들이다.

땅이 넓고 큰 미국에서는 삼림 화재 발생 시 기존의 소방차량으로는 현장에 빨리 접근하기 어렵다. 그래서 이런 공수 소방대를 운용하는데, 특성상 임무가 매우 위험하다. 말 그대로 불구덩이에 뛰어드는 사람들이 아닌가.

물론, 그 규모와 빈도가 높은 미국의 산불을 대비하기 위해 이 공수부대 말고도 각종 전문 장비들을 갖춘 곳이 많다.

소방 헬리콥터로도 모자라서 DC-10, 보잉 747을 개조한 소방 항공기까지 운용할 정도다. 아마 보잉 747이 돈 낭비로 보이지 않을 것이다. 의외로 화재진압을 느리게 한다는 비판이 있으며, 국내 화재진압과 비교하면 도착 후 진화에 걸리는 시간과 행동에 차이가 있어 이에 불만을 품은 미국인들의 댓글 또한 많다.

외국의 소방이야기-프랑스

프랑스는 군 소속인 프랑스 국가 헌병대가 일부 치안을 담당하는 것과 비슷하게 파리와 마르세유의 소방을 군 소방대인 Brigade des sapeurs-pompiers de Paris(파리 소방여단)과 Bataillon de marins-pompiers de Marseille(마르세유 해군 소방 대대)가 담당하고 있다. 물론 파리와 마르세유 이외의 지역은 민간 소방대(이 민간은 정부다)가 담당하고 있다.

전술되어 있는 미국과 같이 전문 소방대원보다 자원봉사자 소방대원들의 비율이 높지만, 미국과는 다르게 국가가 시간당 수당을 지급하는 형식으로 운영되고 있다. 의용소방관은 20년 복무 시 연금 수령 개시다. 프랑스 의용소방관이 받는 수당은 비과세고 공제 없이 100% 전액을 받을 수 있지만, 대다수 자원봉사 소방관이 직업소방관 합격을 희망한다.

사실상 인원만 봐도 프랑스 소방 시스템은 5만 5천명의 정식 소방관 중심이며, 이 인원도 인구 대비 한국보다 훨씬 많다. 의용소방대 장비도 국내 국가공무원 소방보다 압도적이다. 급여 수준도 적지 않다. 기본급이 수당 제외 250만 원부터 정년도 타 공무원보다 짧고 연금 개시도 빠르다. 사망 시 대우는 여전히 대단하다.

여기에도 노조가 있는데, 한 번 파업을 시작하면 진압경찰도 진압하기 힘든 강적으로 돌변한다. 소방차부터 소방 장비를 끌고 나와 맞붙는데 그야말로 아비규환이 따로 없다(물대포로 진압하려다간 역관광 당하기 딱 좋겠다). 그리고 예술과 시위의 나라다운 기질이 있는 건지 시위 퍼포먼스도 대규모 행위예술 같은 짓을 벌인다.

명칭에 여단이니 대대니 하는 군대식 편제가 들어가는 것도 그렇고, 공병을 뜻하는 sapeur가 들어가 있는 이유는 이들이 공병에서 출발한 집단이기 때문이다. 1810년 오스트리아 대사관 화재로 많은 명사들을 포함한 희생이 발생하자 나폴레옹 1세의 지시로 프랑스 제국 근위대의 공병을 중추로 하여 최초의 소방대를 편성한 것이 파리 소방 여단의 시초이다. 이런 성격 때문에 파리 소방대는 프랑스 혁명

기념일과 같은 국경일의 군사 열병식 행사에도 참여한다. 구급대는 주로 의무병과 소방공무원이 같이 맡는다.

외국의 소방이야기 - 핀란드

핀란드의 소방 및 재난대응체계는 내무부(Ministry of Interior)의 관리·감독 아래 전국 22개 지역의 재난구조과(The Rescue Departments of State Provincial Offices)가 담당하고 있다. 또한 대형 화재나 재난이 발생할 경우 군대가 파견되어 민간인과 함께 구조서비스를 전개하기도 한다. 중앙정부와 지방자치단체는 일반적으론 서로 소통과 협력을 통한 협력관계이며 이러한 시너지가 소방과 재난대응의 기본체계라 하겠다.

전체 인구가 한국의 1/10 수준인 핀란드의 소방공무원 수는 5천여 명으로 인구대비 한국과 비슷하다. 하지만 자원봉사자들로 구성된 자율소방대의 수가 약 소방공무원의 3배에 가까운 1만 5,000여 명이며 이들이 행하는 소방·구조서비스의 건수가 전체의 60%에 달한다. 국민들이 본인을 지키기 위해 자신들의 자원을 능동적으로 지역사회에 환원하는 것은 일상이며, 소방공무원들은 전문적인 영역에서 소방 및 구조 활동을 펼침으로써 보다 다층적이고 안정적인 서비스를 제공할 수 있게 된다.

자율소방대라고 해서 그리 만만한 훈련을 받는 것은 아니다. 기본 소방기술 훈련, 심폐 소생술, 외상 환자 치료 등 응급 처치, 급식호흡장치(SCBA) 사용 훈련, 자동차 사고 구조 훈련, 석유관련 사고 훈련, 유해물질 취급 훈련, 지역 선도 훈련 등이 실시되며 모두 비상상황을 고려한 것이다.

핀란드는 연간 약 1만 2,000건의 화재가 발생하며 이는 우리나라에 비해 인구대비 5배가량 많은 수치다. 춥고 건조한 핀란드의 기후를 고려하면 이는 당연한 현상이며 이러한 일상적인 화재에 노출될 수밖에 없는 상황이 자율소방대가 발전할 수 있는 하나의 요소가 되지 않을까 한다.

다층적인 소방안전체계와 양성 시스템

핀란드의 전문 소방공무원은 내무부에서 직접 운영하는 응급서비스대학(ESA:The Emergency Services Academy)에서 화재 및 구조 훈련, 민방위 훈련, 비상작전 훈련 등의 체계적이고 전문적인 훈련과 교육을 받아 양성된다. 응급서비스대학은 이론 교육을 위한 강의실과 시

뮬레이터, 작업실 및 기숙사 등을 갖춘 캠퍼스와 실습을 위한 38ha 규모의 훈련장으로 이루어져 있으며 특히 훈련장에선 특수 목적 건물을 활용하여 실제 비상 상황에 가까운 훈련이 실시된다.

전문 소방공무원과 600개에 달하는 자율소방대 외에도 핀란드엔 150개가 넘는 자치적인 산업소방대가 있다. 이들은 산업현장에서 발생하는 소방·구조 활동을 펼친다. 또한 구조서비스를 담당하지 않는 정부·지자체의 조직들 역시 기본적으로 재난 대응과 시민 보호의 의무를 지니고 있으며 이러한 기관들이 긴밀히 협조할 수 있는 체계를 갖추고 있다. 비상대응관리센터, 핀란드 경찰, 국경 경비대에서부터 교통통신부, 민간 항공국 등 다양한 분야의 기관들이 위기 상황에서 빠르고 신속하게 연계할 수 있도록 재난구조법(Rescue Act 379/2011) 상에 명시되어 있는 것이다.

안전은 협력이다!

지난 2016년 구조서비스의 혁신을 위해 핀란드 정부가 발표한 핵심 전략(Rescue Services Strategy 2025)의 비전, 'A safe and resilient Finland – through cooperation'의 내용을 보면 사회 안전망 구축을 위해 핀란드 정부와 국민이 지향하는 필수조건은 '협력'임을 알 수 있다.

자율소방대, 산업소방대, 전문소방공무원 그리고 정부부처, 지자체, 정부기관, 민간단체 및 기업 간의 긴밀하고 조화로운 협력체계는 핀란드 소방안전의 핵심 메커니즘이라 하겠다. 이러한 상호 신뢰와 협력이 존재하기에 물샐틈없는 다층적인 소방안전서비스가 제공되며 이러한 서비스의 혜택이 안전한 사회, 행복한 사회의 주춧돌 역할을 하는 것이 아닐까 한다.

소방은 우리 모두가 지켜야 한다

미국이나 유럽 국가들은 소방차와 구급차가 출동할 때 길을 양보해 줘야 한다는 법이 있다. 정확히는 사이렌 소리가 들리자마자 모든 차량이 멈추고, 어느 방향에서 소리가 나는지 확인한 다음, 자신의 뒤에서 소방차가 오는 것을 확인하면 즉시 앞으로 비켜주는 식이다. 한국도 원래 없었다가 결국 이런 법이 생겼다. 홍보가 꽤 되고 있는지 모세의 기적이 일어나 무사히 구출에 성공했다는 이야기가 자주 나오고 있다.

소방서 앞은 당연히 주정차 금지 구역이다. 그런데도 꼭 주차하는 사람들이 있다. 제발 주차해놓고 볼일 보러 가지 말자. 소방법에 따라 과태료가 부과될 뿐만 아니라 긴급 출동에 방해가 될 수 있다. 대부분 5분만 주차하겠다고 하는데, 당신이 주차 공간을 찾기 귀찮아 하며 절약하려 한 그 5분이 타인의 목숨을 앗아갈 수 있다. 여러분들의 생명과 재산과 안전을 지키기 위해서는 협조가 당연하다.

　소방관들은 출동 시 실내에서도 신발을 벗지 않는다. 1분 1초가 중요한데 신발을 벗는 데 허비할 수 없기도 하고, 반드시 화재 같은 위험한 상황이 아니라고 해도 발을 다칠 가능성은 항상 있기 때문이다. 그러므로, 집에 사고가 발생해 119를 불렀는데 집에 발자국이 남았다고 이들에게 화를 내는 몰상식한 행동은 자제하길 바란다.

06

소방의 미래에 대한 기대

현장 기능으로만 출발한 소방

　1948년 정부가 수립될 때 소방은 내무부 치안국 소방과에서 출발했다. 그때 지방의 현업은 경찰국 소방과로 조직되어 있었고, 신분은 경찰공무원법의 적용을 받았다. 소방의 독자적 위상과 기능을 인정받지 못했던 것이다. 하지만, 1973년 지방소방공무원법이 제정되면서 소방은 국가직과 지방직으로 분리되어 관리되었다. 이때의 지방은 기초자치단체 소속이었다. 현장에서 불을 끄는 역할로만 생각했던 것이다.

　소방이 경찰로부터 독립된 것은 1975년 내무부 민방위재난관리본부에 소속된 소방국이 되면서부터였다. 광역단위의 소방이 된 것은 그보다 한참 후인 1992년 9개 도에 소방본부를 설치하면서부터였다.

이렇게 보면 정부 수립 이후 약 30년 동안에 소방은 정부 조직에서 독자적 위상을 갖지 못했다는 것을 알 수 있다. 현장과 유리된 정책결정 구조이었기에 소방의 발전을 위한 정책 노력이 시도되지 못했다. 중앙의 기구는 현장의 사건 사고 보고서를 종합하여 상부에 보고하는 절차 기구이었다. 당시 한국에서 부패에 대한 설문조사를 하면 세무, 건축, 소방의 영역이 언급된 것은 소방이 단속 행정에 치우쳐 있었다는 것을 의미하기도 한다. 한국검정공사는 소방의 기준을 경직적으로 정해두고 시장의 질서를 단속한다는 명문으로 권력적 규제 기능만 수행한다는 비판에 직면하고 있었다.

소방청의 신설이 의미하는 비전

소방청 신설이 처음 언급된 것은 1997년이었다. 당시 김대중 대통령 후보가 소방청 신설을 공약하면서 소방의 문제가 수면 위로 부각된 것이다(치열한 논쟁 끝에 결국 신설되지는 못했다). 1998년 지방선거에서 광역단위의 소방을 기초단위로 복구하자는 논쟁이 제기되었지만, 오히려 소방의 기능과 위상에 위협이 되는 상황이 연출되고 말았다.

2002년 또 한 번 노무현 대통령 후보에 의해 소방청 신설이 언급되었으나, 인수위원회의 조직 개편 과정에서 관철되지 못했다. 결국에는 2004년 대구 지하철 방화 사건을 계기로 소방방재청이 신설되었다. 하지만 소방과 방재가 혼합된 조직에서 제복을 입는 계급 조직과 일반 행정 조직 간 갈등이 드러나기 시작했다.

이런 와중에 2014년 박근혜 정부에서 세월호 사건 이후 안전 강화 명목으로 국민안전처를 신설했다. 이때 소방은 중앙소방본부로써 독자적 위상을 갖게 되었는데, 총리실 소속이긴 하나 소방은 집행 기능이 강하기 때문에 국무총리실 소속의 '처' 단위로서 조정 기능을 하기에는 적절하지 못하다는 지적이 있었다고 한다. 1년 뒤 담뱃값을 인상하면서 담배가 화재 주요 요인이 된다는 측면을 이용, 담배소비세의 20%를 재원으로 소방안전교부세가 신설되었는데, 이는 소방의 독자적인 재원을 확보하는 계기였다.

2017년, 마침내 문재인 정부에 들어서 소방청이 신설되었다. 1997년을 기준으로 보면 20년 만에 소방의 꿈이 이루어진 것이다. 여기서 끝이 아니라 2020년 4월 1일부터 소방공무원을 국가직으로 전환하였으며, 기존 담배소비세의 20%이던 소방안전교부세율을 45%로 증액하여 소방의 재원을 확충하는 노력도 병행되었다.

또한, 소방검정공사는 2009년부터 소방산업기술원으로 변화를 하여 규제를 하는 기능이 아니라 소방 관련 R&D를 주도하고 소방산업 발전을 지원하는 기능으로 변모를 하였다. 그리고 2011년 국가적 차원의 방재 연구를 강화하기 위해 국립방재연구원으로 확대 개편하였다가 2013년에는 책임운영기관으로 전환하면서 국립재난안전연구원으로 변화하여 국가 주도의 연구개발을 본격화하는 체계도 갖추었다.

이처럼 소방청 신설의 속도에 따라 소방의 기능과 위상은 큰 변화를 하고 있다. 단순히 화재나 구조 구급과 관련한 현장 대응 기능만이 아니라, 예방과 대비 기능이 발전하고 이러한 과정에서 관련 기관들 간의 조정 기능이 발전하기를 기대했던 것이다. 이러한 결과로 예산이 증가하고 연구개발이 발전하는 상황이 가능했다.

소방에 대한 기대와 과제

소방을 제도적 관점에서 보면 외형적으로 어느 정도의 기반은 갖췄으나, 아직 운영의 관점에서는 많은 과제를 안고 있다.

첫째, 소방이 국가사무인지 지방사무인지에 대한 학자들의 논의와 이를 법제화하는 노력이 필요하다. 현재 소방 사무는 「정부조직법」상 국가사무이며, 「지방자치법」상 지방사무라는 이중적 성격을 가지고 있다. 「지방자치법」제9조제2항에서 지방사무의 하나로 규정하고 있다. 그러나 이는 지방자치단체 사무의 전반적인 내용을 정하고 있는 일반규정으로 환경변화에 따라 사무 재분배가 가능하다. 무엇보다 소방직을 국가직으로 전환한 상황에서 국가 공무원이 지방사무를 집행해야 하는 상황이 되었다. 소방업무의 범위와 대상을 면밀하게 분석하고, 무엇보다 소방 환경의 변화를 고려하여 다시 검토되어야 한다.

재난환경·소방여건, 현재 소방기능 및 관련 법령 등을 전면적으로 검토를 하여 체계를 정립해야 한다. 이러한 기능 배분이 인사와 조직 그리고 예산의 모든 과정을 지배하기 때문에 매우 중요한 과제이다.

둘째, 소방의 과학화가 필요하다. 소방은 물로 끄는 것이 아니라, 작전과 장비가 무엇보다 중요하다는 것을 알아야 한다. 특히 최근 기후 환경의 변화에 따라 대형 화재가 발생하고 건물이 고층화되면서 화재 진압은 더욱 어려워지고 있는데, 다양한 형태의 구조 구급에 관한 대응 사례가 많아져야 한다. 이는 소방의 과학화를 위한 노력이 필요한 이유이며, R&D를 통한 기술 개발과 아울러 장비의 과학화를 의미하기도 한다.

셋째, 인력의 전문화가 필요하다. 인간의 본성으로 보면 불을 보면 피하게 된다. 그러한 본성을 거슬러서 불 속으로 뛰어들어야 하는 것이 소방의 임무이다. 평소 자신감이 없거나 전문성을 함양하지 않으면 힘든 일이다. 이것은 교육 훈련으로 단련되어 있어야 한다.

소방인력에 대한 지출은 비용이 아니라 투자라는 인식도 필요한데, 새로운 건물을 건설하는 것 못지않게 있는 건물을 보전하는 대책이 되기 때문이다. 또한, 본성을 거부하면서 근무하는 인력에 대한 처우 개선이 필요하다. 비단 소방뿐만 아니라, 우리의 안전을 책임지고 있는 공공분야 종사자에 대한 적절한 처우 개선의 노력이 병행되어야 한다.

넷째, 소방산업을 발전시키고 관련 산업생태계의 양성이 필요하다. 과학화와 전문화를 위해서는 민간 부분의 산업이 발전해야 하기 때문이다. 현재 소방 관련 산업체는 2,700여 개이며, 대부분 중소업체로 운영되고 있다.

수출주도형으로 발전한 한국의 경제 발전 경험에 비추어 볼 때, 다른 분야와 달리 소방 기술이나 상품이 외국에 수출되고 있다는 이야기가 별로 없다. 우리의 소방산업 경쟁력이 약하다는 것을 반증한다. 소방서비스의 발전을 위해서는 소방산업의 발전이 필요하고, 지금의 상황에서 정부의 적극적인 지원이 필요하다.

다섯째, 이러한 운영 기반의 개편을 위해서는 예산이 소요된다. 최근 소방안전교부세를 신설하고 또 교부세율을 인상하는 중앙정부의 노력과 지역자원개발세인 공동시설세 중 소방분에 대해 소방특별회계를 신설하여 별도 관리하는 지방정부의 노력을 모르는 것은 아니다. 그러나 장기적으로 안정적인 재원을 확보하기 위해 중앙정부 차원에서 '소방특별회계'나 '소방발전기금'을 신설할 필요가 있다. 이러한 재정관리 제도는 예측 가능한 지출을 담보하는 장치가 될 것이고, 소방 발전의 새로운 전환점을 마련할 것이다.

국민과 함께하는 소방

 흔히들 소방의 기능을 '예방-대비-대응-복구'로 구분한다. 과거 소방이 화재나 사고가 발생하면 이를 진압하는 대응의 기능만 강조되었다. 그러나 이제는 사전적인 과정인 예방과 대비가 중요해지고 있다. 예방과 대비는 정부의 기능만으로는 어렵다. 시민의 적극적인 참여가 필요하다. 최근 각 건물에 소방안전관리자를 두어서 건물 관계자가 스스로 자율점검을 하는 기능을 강화하는 것이 그러한 방향이다. 그리고 소방시설관리사를 두어 시장의 기능을 강화하기도 한다. 소방이 정부에 의한 권력적 작용이 아니라, 시장의 자율 규제로 활성화될 수 있도록 기반을 구축하는 방향성이 필요하다.
 같은 맥락에서 의용소방대원의 역할도 중요하다. 생활안전을 강화하는 시민의 의식 변화도 수반되어야 한다. 그러한 의미에서 정부가 제공하는 소방서비스 기능과 시민의 자율 안전을 위한 공동체 노력은 파트너십을 형성해야 한다.
 이러한 과정을 통해 국민으로부터 사랑받고 신뢰받는 소방 조직이 되기 위한 노력이 끊임없이 이루어져야 한다. 국가 권력이 국민으로부터 나오듯이 소방의 역할과 기능은 시민의 지지를 기반으로 하기 때문이다.

나는 대한민국 소방관 김상철 입니다

저자 소개

김상철
경민대학교 소방안전학과 졸업
경희사이버대학교 사회복지학과 졸업
KFCC가족상담센터 수료
경기대학교 공공정책학 석사
한성대학교 행정학과 박사
서일대학교 레저스포츠학과 겸임교수 역임
한국행정개혁학회 위원 및 소방특별위원회 이사
현) 서울소방재난본부 송파소방서 재직 중

이원희
서울대학교 경제학과 졸업
서울대학교 행정학 석사, 박사
한국정부회계학회 회장(2012)
서울행정학회 회장(2014)
한국행정학회 회장(2020)
소방정책자문위원회 위원(2019)
소방청 자체평가위원회 위원(2018)
현) 한경대학교 행정학과 교수

정요안
한성대학교 행정학 박사
흥사단서울고등학생아카데미 18기
흥사단 감사 및 안양지부 부지부장
한경대학교 행정학과 겸임교수 역임
을지대학교 응급구조학과 겸임교수 역임
한국행정개혁학회 부회장 및 소방특별위원회 위원장
행정개혁시민연합 상집위원
경기도 구리, 화성, 안양소방서장 역임
현) 경기도 소방재난본부 청문감사담당관